SECRETS OF STAGING

丑房焕新

"房住不炒"新形势下新房东的第一堂课

季老湿 / 著

中国财富出版社

图书在版编目（CIP）数据

丑房焕新："房住不炒"新形势下新房东的第一堂课 / 季老湿著. —北京：中国财富出版社，2018.1（2018.11重印）

ISBN 978-7-5047-4921-5

Ⅰ.①丑… Ⅱ.①季… Ⅲ.①公寓—租赁—基本知识—中国 Ⅳ.①F299.233

中国版本图书馆CIP数据核字（2018）第006598号

策划编辑	谢晓绚	**责任编辑**	张冬梅　周　畅		
责任印制	梁　凡	**责任校对**	孙会香　卓闪闪	**责任发行**	董　倩

出版发行	中国财富出版社		
社　　址	北京市丰台区南四环西路188号5区20楼	**邮政编码**	100070
电　　话	010-52227588转2048/2028（发行部）		010-52227588转321（总编室）
	010-68589540（读者服务部）		010-52227588转305（质检部）
网　　址	http://www.cfpress.com.cn		
经　　销	新华书店		
印　　刷	北京柏力行彩印有限公司		
书　　号	ISBN 978-7-5047-4921-5/F·2853		
开　　本	710mm×1000mm　1/16	**版　　次**	2018年1月第1版
印　　张	13.75	**印　　次**	2018年11月第3次印刷
字　　数	218千字	**定　　价**	78.00元

谨以此书献给我的太太，培芳。

没有你的支持，这一切不可能发生。

出品人导言

季老湿算是我在公寓领域最早认识的行业大咖，没有之一。2014 年初认识他的时候，我刚全职出来做九猪，而他已经在上海创业 10 年之久了，还很早涉足了线上租房平台和智能硬件，在这个行业中算是早期想得很透的创业者了。

之后不久，季老湿在上海开办了“租房革命”免费公益讲座，每周一场，风雨无阻地坚持着。作为行业早期的分享者，我问过他准备做多少场，他的回复是“我也不知道，大家需要就一直做下去呗”。他一开始在上海开讲，后又在北京、成都、南京等全国八个城市开讲，场场爆满。成都的那一场专题讲座是我邀请季老湿办的，记得那天天气很糟，但人却出乎预料地多。

就这样，季老湿一场场地讲到了 2016 年下半年，那时季老湿的公益讲座竟然积累了 100 场。每一场讲座的主题和内容都不一样，涉及了公寓的收房、设计、改造、拍摄技巧、获客推广等方方面面。季老湿讲的都是他曾经走过的弯路和多年累积的经验教训。从每一场的讲课笔记中都能看出，季老湿把他过去 10 多年的经验毫无保留地分享给了大家，这些经验都是实实在在的“干货”。我认为，迄今为止公寓行业没有一个分享者能像季老湿那样，吸引老板、管家或创业者都去听，其中有些人甚至不止听了一两场，而是全国各地连续追着听。

这 100 场后，季老湿暂时没有再开课，除了思考下一个 100 场讲座外，对他来说最重要的就是筹划出版一本可以称作“公寓行业圣经”的实操书。其实，季老湿第一次给我讲他想出书的想法，是在2015年我到上海出差，我们在酒店大堂聊到深夜一两点。当时我就对这件事非常感兴趣，因为这件事对行业内的企业和个人来讲都很有价值。我也有计划跟季老湿联合出版这本书。但因为各自时间上都不适合，这件事便一拖再拖。

2017年，季老湿再次启动出书的计划，准备将过去100场的课堂笔记和过去的所有案例整理成册。虽然耗时长，但我一直坚信这本书对行业有很大的促进价值。到了2017年7月，季老湿正式将出版该书提上日程，很荣幸我能作为出品人和策划者参与其中。

稿件完成期间，季老湿将内容反复修改、删除、增加，工作远比之前想象的复杂。待到本书与大家见面的那一刻，我更加坚信它对所有公寓从业人员都有用。企业可以将此书作为内部培训使用，个人可以将此书作为业务增长手册或者公寓创业宝典。

此书虽然没有什么大趋势观点、政策解析、数据分析等宏观的内容，但书中的实操经验讲解、案例剖析等都是实实在在的一线智慧，能实际帮助读者解决经营过程中遇到的难题，快速提升公寓产品的品质。不管是对整个租赁市场还是行业，都有促进作用，其意义和价值更不言而喻。

季老湿也正在筹划下一个100场讲座，不久后会通过不同形式再次与大家见面，请大家关注公众号及知识星球上的通知。本书只是一个起点，后续还会有两本书陆续出版，从而形成“季老湿三部曲”。

季老湿和他的小伙伴们最大的愿望就是将他们过去10多年在全国实践的经验，通过讲座、案例、书本总结下来，并毫无保留地分享给大家，让大家少走弯路，快速成长，为国内公寓行业提供力所能及的帮助，实现他常说的“对人有用”。

最后，替季老湿感谢所有对本书有过帮助和支持的朋友们。

出品人 田浩

2017年8月31日于上海

邀请函/代自序

刘翔：

感谢兄弟！我只给你留了一句话，你就马上回复“全力支持”。距你我第一次在上海相见已有6年。6年来，行业变化巨大，看到你已经带领几千号人将优客逸家做成分布式品牌公寓之翘楚，我衷心为你高兴，为你们喝彩。我和我的伙伴们自2013年年底乐租项目解散后，放下了追名逐利的欲望，以租客为焦点，埋头苦干，聚焦产品，未曾想到，几年来竟然服务了成百上千的客户，覆盖了北上广深、苏州杭州宁波南京重庆成都和东京。市场把我们定位为“丑房焕新”的专家，我想我最多只是个还在路上的“布道者”。我在台上讲了上百场还不够，这次还准备出书继续“布道”。

行走全国演讲给我最大的感叹是无数的人正在重复我们之前的错误。我也常常说创业试错最大的代价是青春，单纯站在讲台上，100场演讲下来也只能服务上万人，但需要这些“创业失败的教训”故事的读者太多了。在全国粉丝的鼓励下，凭借着“人解决不了自己的问题。只有拼命地解决别人的问题，才有机会顺带解决自己的问题”这样的信条，我下定决心要将本书正式出版。作为公寓行业创业老兵，我希望通过这本书里分享的经验和教训，启发大家对房屋租赁产品打造的更多思考。

本书分为三个部分。第一部分为“实战情景案例分析”，用真实的成功案例给读者以感性认识。第二部分为“房租溢价不得不知的九十六个细节”，经过 1 年的采访跟踪，以及对上千位行业高管、创业者、民间高手等的采访及抽样，整理出本行业经营不得不知的九十六个细节，让读者很快产生全局性的理性认知。第三部分为“溢价方法论”，解决具体怎么干的问题。

这本写给长租公寓行业从业人员以及全国房产投资业主的书，如果由你撰写序言部分，将会锦上添花，既能以优客逸家的创业历程为视角帮助大家全面梳理未来，也能为整个行业特别是分布式公寓的创业群体建一个发展的里程碑。这不是写给你一个人的序言，这一次我希望你能代表整个行业的创业者发声。

最后，再次感谢兄弟的大力支持，期待再聚。

此致

敬礼！

季陽

2017 年 9 月 1 日

序一

向专注与坚守致敬

在一个工作日的午后，我在微信上收到季老湿发的信息，邀请我为他的书作序。几乎在不假思索的情况下，我立刻回了七个字：没问题，全力支持！

其实，我们有将近四年没有交流过了，上次在成都的一家餐厅里偶遇过，也仅仅是打了个招呼。甚至在微信里，我们都没有来得及互动。“君子之交淡如水”正是这种关系的写照。

撇开这几年来对他的朋友圈的默默关注，我对季老湿印象最深刻的是两件事，一是当初我入行时他的热情分享；二是他的专一和坚持。

2012 年年初，当时我正在针对长租行业做调研，完全是个门外汉。恰巧我的师弟李孟杰在上海从事这一行，于是在上海调研期间，我得他引荐去拜访了拥有多年从业经验的季老湿。当时的他正在意气风发地打造乐租，一个面向公寓创业者的管理工具平台。与他的相识，让我快速接触了解了这个行业的现状，并且在收房谈判、房屋设计改造等实操环节得到很多有价值的经验建议。

2012 年的某一天，季老湿到成都来拜访优客逸家。当时优客逸家的工作人员还挤在成都宜家商场旁边城市春天小区的民宅里办公。他在狭小的办公室里给优客逸家的同事们做了一场分享业务经验的演讲并与我们合影留念。令我印象深刻的是他后来定做了一个印有我们合影的马克杯送给我。这个“有心”的举动，让我相信他具有一个优秀产品经理的特质。

感谢微信朋友圈，让我们即使某段时间一句话都没有说过，也能够从侧面了解到一个人的生活与工作状态。经历了乐租失败后短暂沉寂的他，开始了丑房焕新的实践和经验分享之路。最初我从朋友圈偶尔看到他发的分享会和改造房信息，认为这是兴趣驱动的短暂玩票行为，没想到“见过世面”的季老湿会全身心集中在这上面，几年如一日地专注与坚守……

能够看清自己的优劣，沉下心来专注做好一件事，是我们每个人都认同却往往无法坚守践行的令人羡慕的状态。这样的状态，能让一个普通人经过时间的积淀修炼成为真正的行家甚至大师。经过这些年的实践积累，季老湿已经是名副其实的行家里手，他的大作，值得读者期待。

“温暖人心，传递美好！”这是我创办优客逸家多年来一直坚持的理念。在我看来，季老湿正在做着与优客逸家异曲同工的努力。希望读到本书的朋友们，都能通过丑房成功焕新，将这份美好传递给更多人！

刘　翔

优客逸家创始人 & CEO

2017 年 9 月于涪江畔桃花岛

序二

存量市场的首座灯塔

当前，中国房地产正处于从“增量市场”向“存量市场”的转轨期，存量市场正在逐步崛起，未来存量市场也将取代增量市场，成为新的主导市场形态，成为“主赛道”和“主战场”，有志于掘金房地产存量市场的企业，都必须未雨绸缪，提前应对。谁占得先机，谁就更有机会抢占未来存量市场的制高点。

当然，存量市场的黄金期才刚刚开始，企业难免会遇到各种各样的问题。比如对于长租公寓而言，随着各路竞争者纷纷进入市场，拿房成本随之水涨船高，企业利润少得可怜，“赔本赚吆喝”并不鲜见。对于运营商而言，如何在急剧攀升的拿房成本和运营成本下，进一步提升租金溢价，是摆在运营者面前必须解决的难题，也是运营商核心价值的体现。

扬帆存量市场的蓝海，需要灯塔。我们非常欣喜地看到，季老湿通过与100多位行业内从业人员的交流碰撞，通过100多天的调研，试图针对长租公寓如何提升租金溢价提出一套系统的解决方法，以解决目前公寓盈利难的根本问题。本书也融合了季老湿多年的工作经验，突出案例指导，强调方法论总结，着重解决细节问题，实操性和指导性都很强。

当然，行业需要研究和解决的问题还有很多，希望本书能够引发行业内部的进一步思考和实践，也希望本书可以引发业内的讨论和进一步研究，为存量市场探索提供更多的方法和路径。尤其存量时代的主题就是如何为传统空间“赋能”，给“物理空间”提供更多的“内容”，进一步创新出新的附加值，那么如何实现这一点，就成为摆在企业家和研究者面前的一项重大课题。

对我们研究者而言，能够有幸处于这承前启后的行业大变局时间点，独立观察市场，挖掘各领域创新创业典型案例，总结提炼行业最佳实践，是时代和命运对我们的眷顾。当然，存量市场大幕刚刚拉开，这是一个没有终点的市场，需要我们持续跟踪和总结行业不断涌现的新案例、新模式，期待本书能抛砖引玉，凝聚力量，共同推动房地产存量市场的健康有序发展。

刘　策

明源地产研究院首席研究员

房地产创新研究专家

《掘金存量地产》主编

2017 年 9 月

序三

终于看到丑房焕新“大师”

房地产这一行业财源滚滚，甚至可以说是最靠近“钱”的行业。

很多人以为，买房子就是跑到售楼处，拍下全款，然后拎套房子回家。这是一个巨大的错误，是暴殄天物、井底之蛙的行为。

房地产的链条极长，战略规划、市场分层、淘笋、贷款、药单、装修、出售……每一个环节，都有“门道”。每一个环节，都可以挖掘出几十万元的利润。

水库论坛提出了系统性的“楼市学”。但是楼市的知识纷繁复杂，仅凭水库论坛一家，沧海一粟，难免贻笑大方。

例如，关于“装修”的部分，水库论坛一共只有两篇文章。长久以来，水库论坛致力于搭建一个“拼图”，联结业内各大家，借智借力。把十几个领域都补足，互为上下游，一起把蛋糕做大。

这一次，季老湿出版本书，邀我作序。我说好呀，终于能看到“大师”级的手法了。

关于丑房焕新的诀窍，很多事是连我都不知道的。只不过写序这种事呢，我要先看过，才能为读者推荐。

于是季老湿发了50页的大纲内容给我，我认真地看了两个下午。

概括来说，季老湿的逻辑流程是这样的：

（1）确定目标客户。市场上存在一群客户，追求更好、更有品质的生活。客户的需求是整个市场存在的基础。

（2）确定经营区域、板块和户型。

（3）确立合伙人体制，产品才有灵魂。

（4）确定套路和套餐。“业余”和“专业”的区别，最关键在于套路。专业的公司大都是有一整套打法的，大都有几种固定的套餐搭配。

（5）出租增值业务，出售增值业务，合伙人加盟模式。

（6）实操。

季老湿讲的几种手法，确实让人耳目一新。

例如员工带客户看房进门，会邀请客户洗一下手，让他感受三秒流出热水的温度和水量。

水系统的领先还是次要的。关键在于“温水洗手”，这在心理上是强大的暗示，让客户感觉欠了你一份人情（水的消耗），可以极大地提高签约率。

这是非常重要的一手资料，只有奋斗在最前线的工作人员才有的智慧。这也是这本书的价值。

再譬如说，细节决定成败。

丑房焕新最重要的细节是什么？竟然是开关面板。

品牌开关面板很贵，动辄几十元一个。很多庸作，做完之后，从业人员总觉得差一口气，自己装的就是没有设计师好看。

为什么？匠人和大师差在哪里？差的可能就是一个“诀窍”。神之一手，画龙点睛。“所有的开关面板，必须全部换新。”这一句话就价值千金。

迫不及待，我已经想要买这本书看了。

欧成效（yevon_ou@163.com）
2017年9月10日

如何阅读本书

初级阅读线索：（以书为器）

不评价内容好坏，直接拿走对你有用的资源和联系方式，一切为你所用。

通过书中内容，简单验证这些资源背后的人的价值观是否与你一致。

把它当成一个能激发自己灵感和斗志的工具，在碰到困难和挫折的时候反复通读。

中级阅读方法：（以书求术）

解决问题一：怎么干？

解决问题二：最优化的方案是什么？

解决问题三：能不能自己不干？

高级阅读心法：（缘书求道）

有没有终极方便法门，可以掌握租金溢价的规律？

一口气读完本书，直接在书上记录阅读时迸发的一切念头和灵感。

立即放下（合上，锁起）。

100 天后重新审视自己的读书笔记，并与书中相关内容再次连接。

可以确认的内容，马上去执行。

本书不读是没有用的，光读也是没有用的。

从实践中体悟，从结果中证悟，从复盘中醒悟，从体验中觉悟。

目录

第一部分

实战情景案例分析

上海市优秀历史保护建筑，瑞华公寓，192平方米，建于1936年。

扫码查看更多

（ART DECO：演变自19世纪末的新艺术运动，是当时欧美中产阶级追求的一种艺术风格。）

改造重点

修旧如旧的钢窗把手、老杨松蜡木地板使用原材料经现代工艺加工。
专业老式木工，木装饰拉筋风化工艺，凸显年代感。
价值百万古董家具和配饰，浸淫于ART DECO之中产生时代穿越感。

改造时间：2011年。

改造前租金：13000元/月。
改造后租金：33000元/月。
改造投入：约50万元。
项目经理：菠菜·濮晋渊。
公众号输入“瑞华公寓”查看项目详情。

融景城澜岸，A户，143.9平方米，3/2/2。

改造时间：2017年

改造后民宿收入：约11000元/月。
改造投入：17万元。
项目经理：9527·倪国峰。
公众号输入“融景城”查看项目详情。

改造思路

定位游客，充分利用房产市场与旅游市场的错配。
定位消费升级，使用一线城市的设计模具降维竞争。
定位竞争现状，使用货真价实的好材料投入改造。

扫码查看更多

融景城澜岸，B户，143.9平方米，3/2/2。

改造时间：2016年。

改造前租金：3100元/月。
改造后民宿收入：13000元/月。
改造投入：9万元。
项目经理：正见。
公众号输入“观邸”查看项目详情。

扫码查看更多

改造重点

“点睛之笔”景观大阳台。
定位于成都游客，主攻文青小资范儿。
打掉原有房屋的地暖，做出更舒适层高。

78号观邸，143平方米，3/2/2。

上海 | 拯救高架旁的居所

中凯城市之光，80.06平方米，2/1/1。

改造时间：2016年。
改造前租金：8000元/月。
改造后租金：16200元/月。
改造投入：16万元。
项目经理：Joey Fang。
公众号输入“中凯城市之光”查看项目详情。

扫码查看更多

改造重点

全屋更换铝包木门窗。
拆除封闭厨房墙体，增加操作岛台。
取消餐厅，融合餐厨功能。
适配欧美单身租客需求。

上海 | 原法租界日式北欧混搭

华山路639弄，老公房，50平方米，两室户改成1/1/1。

改造时间：2017年。
改造前租金：6800元/月。
改造后租金：11000元/月。
改造投入：11万元。
项目经理：Joey Fang。
公众号输入“华山路639弄”查看项目详情。

扫码查看更多

改造重点

主卧增加了步入式方帽间。
原主卧自带的储藏室改为独立淋浴房。
更换全部窗户为大块双层中空玻璃。

上海市优秀历史保护建筑，淮海大楼（原帝国大厦，建于1936年）。

改造时间：2015年。
改造前租金：10000元/月。
改造后租金：33000元/月。
改造面积：142平方米。
改造投入：100万元。
项目经理：菠菜·濮晋渊。
公众号输入“淮海大楼”查看项目详情。

改造重点

沿袭20世纪30年代ART DECO装饰主义风格。
迎合本价位段客群钟爱的土豪金。
武装到牙齿，配置齐全。

扫码查看更多
美美百货的前世今生 | 上海

仁恒滨江花园，175平方米，3/2/2。

扫码查看更多

改造重点

重新排布不合理的中央空调管线，改善客厅层高。
调整客厅和餐厅的大小比例。
加装地暖，在开发商统一的装修中脱颖而出。

改造时间：2016年。

改造前租金：17000元/月。
改造后租金：30000元/月。
改造投入：30万元。
项目经理：碧翎。
公众号输入“仁恒滨江”查看项目详情。

改造重点

重新排布客厅格局，把归为客厅一部分的阳台还给院子。
重点打造面宽20米的南向海岸线，视觉上建筑面积显得更大。
使用优质断桥彩铝门窗，有效阻隔沿街噪音。

改造时间：2016年。

改造前租金：12000元/月。
改造后租金：28000元/月。
改造投入：30万元。
项目经理：9527・倪国峰。
公众号输入“天安花园”查看项目详情。

天安花园，180平方米，4/2/3。
扫码查看更多
世纪公园第一排的宁谧生活 | 上海

上海 | 击败同小区百余套空房的奇迹

凯欣豪园，47平方米。

改造时间：2017年。
改造前租金：8000元/月。
改造后租金：12000元/月。
改造投入：9万元。
项目经理：9527·倪国峰。
公众号输入“凯欣豪园”查看项目详情。

扫码查看更多

改造重点

走道吧台可使用大面积灰镜，提高视觉延展性。
玻璃隔断使居住私密空间和客厅活动空间可分可合。
整体呈中性，硬朗中体现雅致，推出即被预订。

改造重点

重新定义空间排布，充分利用过道面积。
把没有窗户的房间改为开放式餐厅。
采用半墙隔断配以钢化玻璃，既可增加空间感又可将空间功能进行区分。

改造时间：2017年。

改造前租金：10500元/月。
改造后租金：14000元/月。
改造投入：11万元。
项目经理：瑞驰。
公众号输入"富力城"查看项目详情。

双井富力城，80.69平方米，2/1/1。

扫码查看更多

时代国际，99平方米，2/2/1。

扫码查看更多

北京 | 时代国际软装改造

改造时间：2017年。

改造前租金：10000元/月。
改造后租金：15000元/月。
改造投入：7.5万元。
项目经理：瑞驰。
公众号输入“时代国际”查看项目详情。

改造重点

尽可能地利用原有房屋设备设施，控制成本。
地板和墙面选择神经舒缓型大地色。
暖灰色丝绒配以特殊凹形流线沙发，贵气逼人。

凤凰城，132平方米。

改造时间：2017年。
改造前租金：16000元/月。
改造后租金：23000元/月。
改造投入：5.5万元。
项目经理：瑞驰。
公众号输入“凤凰城”查看项目详情。

北京 | 凤凰城三期火浴涅槃

改造思路

软装调整提升整体颜值和气质。
覆盖原有装修顽固的个性。
厨房与卫生间翻新。

扫码查看更多

改造重点

小客厅结合走道，令空间变大。
特殊尺寸禅椅沙发，小空间更大。
厨房和卫生间换新。

改造时间：2017 年。

改造前租金：7800元/月。
改造后租金：11000元/月。
改造投入：4万元。
项目经理：甘甜。
公众号输入“太古城”查看项目详情。

深圳太古城南区，60平方米，2/1/1。

扫码查看更多

改造重点

榻榻米妙改开放式书房。
入户屏风后别有洞天。
半装改出全装效果。

改造时间：2017年。

改造前租金：13000元/月。
改造后租金：17800元/月。
改造投入：8万元。
项目经理：王报。
公众号输入“中海华庭”查看项目详情。

中海华庭，119平方米。

扫码查看更多

曲径通幽中海华庭 | 深圳

扫码查看更多

方圆月岛，155.98平方米。

改造时间：2017年。
改造前租金：13000元/月。
改造后租金：18000元/月。
改造投入：9万元。
项目经理：陆剑明。
公众号输入“方圆月岛”查看项目详情。

开发商土豪精装房改换气质 | 广州

改造重点

拆除气质“顽固”的电视背景墙。
配置高端涉外租赁行业家具租赁品牌T6家居全套家具。
羊城特色绿植景观设计。

改造时间：2017年。

改造前租金：2000元/月。
改造后民宿收入：5000元/月。
改造投入：6万元
项目经理：菠菜·濮晋渊。
公众号输入“中山苑”查看项目详情。

杭州 | 最IN的MINI民宿

杭州市中山苑，23平方米，宋朝老街。

改造思路

不到30平方米要设计出空间感。
改造固有不合理结构，使动线、房型回归人性化。
民宿上线后实现百分百入住率，成为设计典范。

扫码查看更多

白塘景苑，141平方米。
苏州 | 涉外大气简约舒适家
扫码查看更多

改造时间：2017年。

改造前租金：4500元/月。
改造后租金：12000元/月。
软装改造投入：7万元。
项目经理：9527・倪国峰。
公众号输入“白塘景苑”查看项目详情。

改造重点

小卧室用1.5米大床，无多余柜子，让客人睡得舒服。大部分人反映灯光和采光效果很好，感觉特别明亮。民宿配置齐全。

改造时间：2017年。

改造前租金：24万日元/月。
改造后民宿收入：50万日元/月。
软装改造投入：80万日元。
项目经理：徐函飞。
公众号输入“东京”查看项目详情。

東京都中央区勝どき The Tower
扫码查看更多
纯正日式民宿 | 东京

第二部分

房租溢价不得不知的九十六个细节

本部分对一些回答问题的人进行了化名处理

溢价出租十八问

情景问题一：包租的本质是什么?

1. 朱振文（爱窝窝青年公寓）：

包租其实和其他生意一样，是一个进销存的过程。比如，房东批发房子给我们，我们做零售。期间，我们进行房屋翻新和出租，获得差价利润。

2. 王云（贵州巧寓网络科技有限公司）：

包租的本质是为了转租，从而获得更大的收益。

3. 刘寄（如米公寓）：

对于包租本质的理解，我认为是承包责任制经营，获取业主的不动产使用权，让其价值得到最大体现，从而使不动产租赁更为流通。

4. 季老湿：

兑换流动性（流动性贴现），说白了就是把流动性差的资产（不动产）变成流动性好的资产（现金流）。

（资料来源：季老湿“租房创业公益课第85期《长租公寓入门》”演讲。）

情景问题二：你认为包租有前途吗? 为什么?

1. 周越巍（上海乐活家服务式公寓）：

个人觉得要根据每个人的实际情况来回答，有没有前途的前提是看有没有赚到钱。有的人认为包租有前途，是因为在这里赚到了钱；有的人认为包租没有前途，是因为没赚到钱。

2. 兰金龙（太原易租房产经纪有限公司）：

市场瞬息万变，就目前来说，长租公寓虽然已经进入一个回落期，但是，我认为长租公寓与房地产行业结合是一个必然的趋势，也就是说，这会对传统的二房东造成不小的冲击，所以说机遇也有，风险也存在。

3. 喻发明：

没有，包租损害业主收益，经营方又承担风险。

4. 莫军（广州墨菲公寓管理有限公司）：

包租模式在创业前期是可以使用的，这会让你有稳定的现金流，可以培养团队。但当房源到达一定量之后，再做包租价值就没那么大了。不过包租这个模式前景如何我们无法判断，我们还处在走量的阶段，我们想通过包租来培养团队，建立起现金流，之后我们会做投资，转向持有物业。做公寓做得久了总有一种感觉，这个行业里业主是老大，我们迟早有一天要当业主。

5. 季老湿：

包租业务中有一个很大的问题，叫作“沉没成本”，规模越小该问题越隐蔽，规模越大该问题越明显，这就是江湖上传说的“小包怡情，大包伤身”。大部分创业者受伤在用小规模（个体户）的成本结构和利益机制推断大规模商业的逻辑。

（资料来源：季老湿“租房创业公益课第85期《长租公寓入门》”演讲。）

情景问题三：为什么仅仅做包租是没有前途的？

1. 王宇（未来域资管集团）：

因为包租的风险全部在运营商手上，市场的波动、政策的变化都会影响到空置率，包租是一种风险转移的方式。现在包租的差价越来越小，因为市场价格非常透明，OTA（在线旅游社）的平台能够给予的一些通道，或者说一些客户来源都是透明的，没有什么相对来说高科技的含量。因此，一般人不太会接受包租的形式，包租的风险如果全部由运营商来承担的话，除非有高溢价才行。在没有高溢价的前提下要承担高风险的话，一般运营商是不会来做这件事的。一旦做砸了，或者空置率上升幅度比较大的话，运营商很容易亏损。这是个吃力不讨好的事，所以没有太多人去做包租，包租的比例不会太高。

2. 高伟（直租之家）：

仅仅做包租的话，你没有一个可靠的核心团队，对未来没有规划，是不能与时俱进的。现在是“互联网 + 租房”的时代，你不够强大，仅仅是停留在原地，狼迟早要来。

3. ib：

租赁格局在发生变化，传统包租靠赚取差价的情况正慢慢被颠覆，差价越来越低。随着资本进入这个行业，“软件 + 硬件”植入后，差价会更低。

4. 凌骏（魔方金服）：

从资本获取上来说，如果仅以包租的形式获取房源再转租出去，这和传统的二房东基本没有区别，资本方也不会给出太高的估值。大部分长租公寓运营商也因为无法提供资产抵押，很难获得低息借款。这种情况对运营商“盘活存量资产进行扩张”的打法造成了一定的阻碍。

从资金投入上来说，随着规模的扩张，从项目前期包租、品牌化装修改造，到运营管理都需要十分充足的资金支撑。然而，公寓租金收取的运营模式虽然稳定，但资金回流速度远远赶不上企业对于资金的需求速度。最终，企业的发展速度只会被“钱”拖了后腿。

所以对于公寓行业来说，单靠包租的运营方式，没有前途，也没有“钱”途。

5. 季老湿：

要通过包租这种自营的操作为自己打造出一份本事：“丑房焕新”。进而一转身将这本事转化为能服务于他人的手艺，将此手艺在社会上呈现，你会发现有客户会为此付费。

（资料来源：季老湿“租房创业公益课第 85 期《长租公寓入门》”演讲。）

情景问题四：未来是房东更加依赖于做包租的人，还是做包租的人更加依赖房东？

1. 余咏心（武汉海豚湾公寓）：

个人感觉未来房东更加依赖于我们，但是目前恰好相反，要想度过这个时期很难，因为包租抗风险能力不强，一旦市场有较大的变化，就很难盈利了。

2. 喻发明：

房源永远是核心竞争力，房东永远是上帝。

3. 张炎（沈阳懿鑫房产经纪有限公司）：

应该是我们更加依赖房东，房东也需要我们，但是相对来说，我们更需要房东的房子，没有房子就没有钱赚。

4. 季老湿：

做包租的时候，你收到来自房东的祝福是多还是少？

（资料来源：季老湿“租房创业公益课第 85 期《长租公寓入门》”演讲。）

情景问题五：如何看待合租模式的商业化？

1. 刘玉昌（果果青年公寓）：

我认为这是市场需求的必然结果。如果完全靠租客个人匹配需求，渠道狭窄，且无法保证租客安全、诚信度以及合同的规范性等；商业化、规范化管理的优势更加突出。

2. 林晓杰（琪屋公寓）：

这是行业发展的一个阶段性产物，以前没有，现在有，说不定过几年又变化了。

3. 刘小全（函数公寓）：

相对于集中式公寓，我们认为分布式合租公寓商业化前途未卜，这是它们的模式导致的。

4. 季老湿：

纯粹从商业运作上来讲，合租有很多种形态，对于有些合租的形态，我并不反对，比如“拼租”；但是，一些所谓的商业化合租，我内心深处是很难接受的，我坚决不碰。

（资料来源：季老湿“租房创业公益课第85期《长租公寓入门》”演讲。）

情景问题六：如何看待商业化合租的N+1模式?

1. 陈苛苛（苏州一禾木生活服务有限公司）：

在N+1合租模式里，最烦琐的工作就是管理和费用结算。随着生活水平不断提高，在居住质量、隐私性、独立性、个人空间影响下，后期客户选择性会有所降低，不过该模式利润偏大，也是公寓起步的一大主营业务，智能硬件必须配套，不然是致命的。

2. 邱新亮（西安景润房地产代理有限公司）：

商业化N+1模式，是把原有客厅空间改造成居住的房间，增加居住房间数量，从而达到溢价出租的目的。现实操作中，大多数公司选择加一，如果空间充足，结构合理，可以加二，甚至更多、更大程度达到剪刀差的目的，实现盈利。

3. 李磊［微舍（上海）公寓管理有限公司］：

目前来说，我们微舍只在上海运营，对于上海这个一线城市，我觉得商业化合租N+1是一场及时雨，在我们做N+1之初（2014—2015年），政府政策层面上对于N+1的态度还不太明朗。

2015年年初，上海市推出了《关于鼓励社会各类机构代理经租社会闲置存量住房的试行意见》，从政府层面上敲定了N+1合法化的问题，给我们吃了颗定心丸。我们定义N+1为公租房的有效补充，从根本上来说解决了N+1的顾虑。在二房东群租的环境中，如果没有N+1的合法化，那么正规的中介机构根本就没有利润和扩张可谈，所以在N+1合法化后我们放开了资源和团队，在一年半的时间内完成了三年的扩张计划。商业化合租的N+1模式加强了我们对租赁行业的认可和信心。

4. 秦龙（遇合公寓）：

N+1模式更加灵活，能满足市场需求，让大家租到更便宜、更好的房子，同时，便于公寓商的盈利和管理。

5. 季老湿：

把一整套房子拆成N+1个单元分别出租，这种超负荷使用房屋的溢价模式是当地房地产市场发展的必然过渡产品。没必要看好或看衰，时间到了就会消失。所有的城市发展背后都有一个规律。你要是顺着来，轻轻松松往那里一躺，赚一点小钱都不是事，关键是你能否了解这个规律是什么，而不是如何看待眼前的N+1问题。

（资料来源：季老湿“租房创业公益课第85期《长租公寓入门》”演讲。）

情景问题七：关于年底淡季招租的事情怎么处理？

1. 熊磊（陕西铂客公寓管理有限公司）：

提前布局，合理利用资源，做好促销计划和优惠策略，把有可能损失的空置成本花到租客和员工身上。

2. 刘小全（函数公寓）：

打组合拳：①在租约上避免出现年底租约到期的情况发生；②出现年底租约到期情况的话，给予优惠吸引租客续租；③出现空房了，给予价格优惠，加大宣传力度，加大销售激励力度等。

3. 莫军（广州墨菲公寓管理有限公司）：

长短租结合，减少拿房量，多出去考察，完善公司系统。

4. 罗曾渝（可加公寓）：

第一，还是要关注产品本身是否能真正满足用户需求。第二，如果做的是针对大众白领的公寓产品，那么就要关注一个城市每个月流动租房的数据，其实即便是年底淡季，流动租房的人口还是不少的。第三，在淡季的时候租期可以适当灵活调整。

5. 季老湿：

年底所有房东都在想一件事情，就是我的房子千万不要空出来，因为一空出来就租不掉了。年底有没有人租房？有，肯定有人租房。怎么会没有人租房？为什么你的产品在跟别人的竞争当中败下阵来，有客户也轮不到你？

（资料来源：季老湿“租房创业公益课第 74 期《年关攻略》”演讲。）

情景问题八：年底招租有没有绝招？

1. 熊磊（陕西铂客公寓管理有限公司）：

要提前布局，合理利用资源，制定优惠的促销策略，甚至可以在春节前推出首月免费的房源，但是要租满合同期才能兑现，甚至返现。

2. 邱新亮（西安景润房地产代理有限公司）：

对于做公寓的人来说，一年三百六十五天每天都是淡季，每天也都是旺季。是淡季还是旺季，往往取决于一个人的心态，而不是取决于市场。年底招租就要租期灵活，付款方式灵活，如果是新拿的房源免租期可以要得多一些，这样的话就可以把你面临的可能空置损失合理地规避掉。

3. 李磊［微舍（上海）公寓管理有限公司］：

我感觉绝招无处不在！因为当你的团队处于低谷的时候，往往就是绝招诞生的时候，就像我们有一个楼盘，因为运营和装修缺乏监管，当年 11 月进场的时候基本上处于全空的状态：交通非常不便利，距离地铁站 3 千米，公交车站 1 千米，位置非常偏僻，生活配套设施几乎没有……在这种情况下，我们团队自己制订了目标和计划，几乎什么招式都上了，地推、微博、豆瓣、贴吧……甚至我们把附近 5 千米内的 mobike（摩拜单车）都整齐地停到了小区门口，就是为了告诉客户在我们这边租房交通真不是问题，在当年 1 月我们的入住率达到 98%。所以我认为，当你处于绝境的时候，就是有绝招的时候。

4. 曾添（麦家公寓）：

毫无疑问，年底是房屋租赁行业的传统淡季，过年回家、工作更换，甚至气候变化等诸多原因都会影响公寓的出租率，但是对麦家公寓而言，确实不存在年底淡季的问题，麦家公寓的满房周期一般在30天以内，最快只用了15天，并且满租率常年保持在99%以上。能够有如此成绩，主要依赖于：①新老渠道同步推进，在出房渠道上，将地推、58同城、赶集、闲鱼等传统出房渠道与微信、App（应用软件）等自营渠道有机结合，依托多种租房优惠活动和租客口碑，麦家公寓完全不担心租房问题。②租期与均价科学配比，根据人气和开业时间，科学配比长短租的房间数量，最大限度满足租客的需求和体验，如此一来，出房率自然水涨船高。

5. 季老湿：

问自己三个问题：第一，为什么市场上有那么多人找房子，却不找我的房子，我的渠道有问题吗？第二，为什么有人看了我的房子却不成交，我的产品有问题吗？第三，一个根本的问题，为什么自己现在还有空房？

（资料来源：季老湿“租房创业公益课第74期《年关攻略》”演讲。）

情景问题九：租客都想找干净的房子，那么，干净的标准是什么呢？

1. 李金涛（青岛青途驿站公寓有限公司）：

环境卫生、心情舒畅、入住的愉悦性、室友间的和谐、入住人员的素质等。

2. 邱新亮（西安景润房地产代理有限公司）：

公寓行业有两个关键点要做到位。第一个是产品。目前产品同质化比较严重，一家和另一家没多大差异。第二个是卫生。为什么客户来看房而不是听房、说房？“眼球经济”要做到位，让客户看满意了，你的产品就租出去了。所谓的干净，是给客户视觉上带来清爽的感觉。产品是不是摆放合理？你的色彩搭配是不是让人觉得舒服？你的公共区域，即走廊、厨房、卫生间、阳台，是不是打扫得一尘不染？房子干净与否直接决定着客户租房的信心。

3. 李磊［微舍（上海）公寓管理有限公司］：

说到干净的标准，离不开整洁，整洁是基础，达到整洁后我们有严格的保洁规范，包括上下左右前后这六堵墙面无污垢，家具等无灰尘。全屋整齐、亮堂、洁净。

4. 秦龙（遇合公寓）：

高素质的室友，明亮的空间，整洁的环境。

5. 曾添（麦家公寓）：

干净的标准确实每个人都不同，所以相比于干净，麦家更喜欢用的词是“舒适”，麦家公寓的理念是“家、快乐、生活”，有些人的家干净，有些人的家整整齐齐，有些人的家杂乱无序，但是家就是家，无论哪一种，给人的感觉都应是舒适的，所以对舒适的追求也就是麦家最大的追求。当然，既然是家，里面所用的材料和电器都不能马虎，我们的房子从设计到装修都由麦家公寓自主完成，遵循简洁明亮风格，用料均来自与麦家有长期合作的知名企业，而且多采用绿色环保建材，很多家居设计甚至是麦家专属定做，从根源上保证房间的安全清洁，另外，室内所用电器都是从海尔、美的等国内知名企业直购而来，麦家公寓以实际行动带给租客看得见的干净和看不见的干净。

6. 季老湿：

举个例子，你在自己的出租房里，带着一块奶油蛋糕，这块奶油蛋糕有你最喜欢的口感，而且全世界独一无二。突然你脚下一个踉跄，蛋糕掉在地板上。于是你就蹲在地上，捡起这块蛋糕，将它吃得一点奶油都不剩。这就是（出租房）干净的标准。乍一听觉得言过其实，那么你有没有从家里的地上捡起东西吃掉的经历？为什么？

（资料来源：季老湿“租房创业公益课《收房十诫2：你的租客究竟要什么》”演讲。）

情景问题十：当租客遍寻房源，发现自己不得不妥协的时候，他们怎么找到平衡点？

1. 林晓杰（琪屋公寓）：

价格 + 房子稀缺性 = 租客平衡点。

2. 王宇（未来域资管集团）：

了解租客的真实需求是关键。

3. 高伟（直租之家）：

①房子的价格便宜；②房子的品质好；③小区周边方便；④其他个人因素。

4. ib：

性价比高，出行是否便利，租金与地段等是否成正比。

5. 罗意（北京乐乎公寓物业管理有限公司）：

这个平衡其实就是性价比，因为没有完美无缺的房子，它们多多少少都会有些瑕疵或者不足。在乐乎看来，这个平衡点就是生产一个合租主卧的竞品。乐乎目前的房子面积在 20 平方米左右，在统一装修标准上设计不同风格，用比合租主卧高 15% 左右的价格，提供服务和环境都更好的产品。

6. 季老湿：

好比一个长相中上、身材中上、收入中上、家境中上的女孩子，她怎么挑男朋友？你身边这样的女孩子有没有早早结婚？

一般没有。最后她们怎么去平衡的？她们突然发现留给自己挑选的窗口期快结束了，心中浮现出三个字：算了吧。你能理解她们是怎么把自己嫁出去的，就能知道租客是怎么去选房子的——跟着很多房产中介跑了许多天，精疲力竭，心中萌生三个字：算了吧。所以，租客有没有平衡点？根本就没有平衡点，只有“算了吧”。在理想条件下平衡点是存在的，不过理想是用来追求的，面对现实，最后终结在“算了吧”这三个字上。进而我们慢慢参透了，失败的人生没有平衡点，只有无奈的妥协。

（资料来源：季老湿“租房创业公益课《收房十诫 2：你的租客究竟要什么》”演讲。）

情景问题十一： 你认为租客找房时的判断标准是什么？

1. 潘昱翔（上海享寓商务咨询有限公司）：

我认为有八个标准：①价格；②地段；③几室几卫（针对合租）；

④装修（主要为厨卫，然后是房间，再然后是公共区域）；⑤面积和朝向；⑥室友；⑦个人房东还是公寓性质，能否提供居住证明等；⑧提供的附加服务。

2. 王宇（未来域资管集团）：

每个品牌的租户的评判标准都不一样。基本上是以性价比和服务作为评判标准。因为什么样的价格、什么样的支付能力，就决定了你可以跟什么邻居住在一起、选择什么品牌。这是有针对性的。每个租户和品牌对应的客户评价体系都不一样，涉及了“地段+产品+服务”。

3. 罗意（北京乐乎公寓物业管理有限公司）：

在北京我也一直在租房，现在又做的是这个行业。我认为，大家需要的是性价比更高的产品。这个标准包括：价格在一居室和合租主卧之间（3000~4000元），有独立的厨房和卫生间，有品质较好的装修，拥有咖啡厅、健身房等公共区域，还能提供保洁、维修、安保等服务。住在这样的房子里，租客感觉便捷、高效、轻松，也符合大家找房的标准。

4. 季老湿：

某个特定群体的租客找房子不是用脚，而是用眼睛。他们找房时的判断标准是什么？颜值、颜值，还是颜值！

（资料来源：季老湿“租房创业公益课《收房十诫2：你的租客究竟要什么》”演讲。）

情景问题十二：说服租客埋单的“临门一脚”是什么？

1. 徐光（芜湖爱尚逸家轻时尚公寓）：

我们从不宣传自己的服务，但租客犹豫不决时，我们会告诉对方我们在租住过程中会提供哪些服务，当然了，一定要说到做到。我们要关注租客犹豫的关键点在哪里。是价格、位置、大小还是风格？要根据具体情况匹配更适合的房子给租客。

2. kashing：

找准租客的痛点，将其扩大化。如果租客对于品质有强烈的要求，那么可以针对品质这个板块，不断深入说明没有品质的房子会有什么坏处。其他的同理。

3. 向绍泉（重庆荣者房地产经纪有限公司）：

我通常会说："您可以到附近看看房源进行比较，我相信您还是会选择我们的。"这个时候租客往往会毫不犹豫地选择签约。

4. 季老湿：

由体验入手。举一个例子：很多北方人到上海后，冬天是不适应的。有地暖的房子肯定比没有地暖的房子好租，我们带客户看有地暖的房子，一定是要求客户光脚进来，不让他穿鞋套。为什么？因为他有体验，他踩在上面很舒服，马上就看中签约了。

（资料来源：季老湿"租房创业公益课《收房十诫2：你的租客究竟要什么》"演讲。）

情景问题十三：如何向租客展示性价比?

1. 李金涛（青岛青途驿站公寓有限公司）：

（1）区域定位。推荐租客在靠近工作地点的位置租房。

（2）环境的定位。小区环境是外在的，室内卫生条件是要保持的。

（3）配套与管理。包括室内装饰的感觉和日常的管理。

（4）价格优势。

2. 罗曾渝（可加公寓）：

我们的管家会帮助每一位租客，根据工作收入和工作地点匹配最合适的房源。

3. 陈珂（可岸服务式青年公寓）：

同一地段，类似产品中的最低价。

4. 马培元（寓公网）：

房屋的性价比最主要体现在租客体会到的感觉和价值上。同样价格条件下，提供的各项细节超乎想象，超出心理预期，给予租客惊喜，就是性价比。明确了这个定位，才能有的放矢。

寓公网是亚洲智能家居生态圈少海汇的核心成员企业和住宿业市场入口，有十多年的装修、家电、智能、家居等全流程供应链经验做支撑，整合了世界一流资源。如果一家企业提供的公寓产品是日本中生代国际级平面设计大师原研哉先生的 HOUSE VISION（理想家）中的场景，那么带给租客的感受是不是超乎想象，性价比是不是超凡？因为 HOUSE VISION 与少海汇是战略合作关系，所以其众多空间设计理念可以通过寓公网与中国公寓行业实现连通，进入市场。

5. 季老湿：

也许顾客真正想要的并不是最低价，而是一种“低价感”。

（资料来源：季老湿“租房创业公益课《收房十诫 2：你的租客究竟要什么》”演讲。）

情景问题十四：与租客签约时如何做好体验？

1. 林晓杰（琪屋公寓）：

把租客入住房间的卫生、家电、水电调好。

2. 高伟（直租之家）：

与租客签约时真诚相待，把公司的服务凸显出来，也可以给出一些小的温馨提示或者对周边特色的简单介绍。

3. ib：

解决租客最关心的东西。

4. 罗意（北京乐乎公寓物业管理有限公司）：

每个人对好的顾客体验的感受都会不同。但对于乐乎来说，要做一个有态度、有温度的青年社区，我们总结出了一套 4S 理念：Safe（安全）、Smile（微笑）、Style（风格）、Service（服务）。乐乎始终围绕人去服务，去工作，所有的起点都源于人。“你快乐，我在乎”绝不只是乐乎的一句口号。只有当有态度、有温度的社区形成，才能为租客提供更舒适、更美好的生活。

5. 季老湿：

遇到哪一种房东体验最不好？事先丑话不讲清楚，签约后又翻脸了。讲丑话不但需要勇气，更需要智慧。

（资料来源：季老湿“租房创业公益课《收房十诫2：你的租客究竟要什么》”演讲。）

情景问题十五：如何学会了解租客究竟要什么？

1. 梁竞丹：

租客的需求，前期需要探索、迎合，后期需要引导。长租公寓其实是一种新型的生活方式，越来越多的“90后”“00后”对于生活其实有更高的追求，起初我们以为公寓能够赋予大家的是便利、是服务，但运营中会发现，我们搭建的其实是平台，客户的需求会在平台上成长、变化、自然调整，很多时候会超乎我们对租户的需求认知。想了解客户的需求，最直接的方式就是为他们搭建互动的平台，慢慢地，他们的需求就会被归类、被发掘。

2. 吴子福（兰州久拾公寓管理有限公司）：

首先，需要进行以下程序的分析：①周边定位的目标人群考察；②收入结构；③价格确定；④产品测试；⑤快速调整到最佳。

其次，要分类。我们经过分析，最后将产品归纳分为两类。第一类，大众标准型产品；第二类，品质型产品。因为每一类的租客需求不一样。

最后，根据各个分类及分析目标租客的情况，进行有效针对性的汇总。

3. 喻发明：

多跟租客沟通，走到一线去。

4. 季老湿：

我们永远放空自己，无限谦卑地敬畏我们的“不知道”。我们是“不知道”的，你以为“你知道”，但其实你真的“不知道”。你永远不知道顾客要什么。我们不是先知，没有这个能力，我们只能追求无限接近租客的需要，最多是无限接近。我们在行业做了十年，我们越做越发现自己不知道顾客要什么。

（资料来源：季老湿“租房创业公益课《收房十诫2：你的租客究竟要什么》”演讲。）

情景问题十六：你定价时如何参考市场行情？

1. 邱新亮（西安景润房地产代理有限公司）：

你的定价不是取决于市场价，而是取决于你的产品，你潜在客户的购买力。定价不能随行就市，随波逐流。别人定1000元，你也定1000元甚至低于这个标准。价格不是影响成交的第一要素，你要做的就是让客户觉得物有所值。为什么奢侈品有那么多人竞相购买，因为他们觉得有面子，觉得值得。

2. 李磊［微舍（上海）公寓管理有限公司］：

公寓租赁行业最好玩的地方就在于此，市场房价随时都是在变动的，表面来看价格很透明，实际上，定价策略是非常灵活的，我们首先会根据收房成本和产品成本制定一个房租价格，然后根据区域内其他同行和中介行情做出细微调整，再根据销售进度调整我们的出房价格。

3. 秦龙（遇合公寓）：

根据市场需求做出价格调整。

4. 季老湿：

我从来不相信所谓的按行情定价，我尊重行情，但是不迷信行情。

（资料来源：季老湿“租房创业公益课《收房十诫2：你的租客究竟要什么》”演讲。）

情景问题十七：你认为房东为什么要出租自己的房子？

1. 熊磊（陕西铂客公寓管理有限公司）：

有一部分房东出租房屋只是暂时的，另一部分房东则出于投资角度，他们购房的目的就是保值、增值，利用出租回收的租金，弥补一部分物管费以及月供。

2. 邱新亮（西安景润房地产代理有限公司）：

一般房东出租自己的房子，可能是因为自己不需要住。有可能他有其他的房子在住，也有可能在别的城市生活或工作，自己没有时间住。还有一些投资客本身把房子买过来，就是要往外抛售的，所以在房价上涨抛售前的过程中，就要往外出租，增加投资收益，以租待售。

3. 芦逸（菜鸟青年公寓）：

存量房的产生有很多原因，比如投资购房、给子女购房等，而之所以出租给公寓公司，我想最大的原因就是方便、放心。在一定的周期内不用操心任何与出租相关的事情。

4. 李磊［微舍（上海）公寓管理有限公司］：

房东出租自己房子的理由千千万万，无法以一概全，在我们看来，因为闲置而出租自己房子的房东占比是最大的，不管是投资房还是拆迁房都是如此。基于此，我们提供全方位的资产托管服务。

5. 季老湿：

房东出租的根源是解决资产流动性的不足。

（资料来源：季老湿“租房创业公益课第66期《收房十诫：如何理解房东是一种什么生物》”演讲。）

情景问题十八：你认为房东的终极需求是什么？

1. 陈苛苛（苏州一禾木生活服务有限公司）：

人生来追求安逸，最想要的无非就是“钱多事少”。集中式的“业主”最渴求的是房屋自身能产生多大的价值，或你能将他的资产发挥多大价值和影响力；而分布式公寓的业主，我想他们更想要的是一份安稳、安心。

2. 邱新亮（西安景润房地产代理有限公司）：

房东的终极需求就是让居者有其屋，让有居住公寓需求的人找到合适的公寓，实现自己的存在价值。

3. 李磊［微舍（上海）公寓管理有限公司］：

微舍一直秉承“安得广厦千万间，大庇天下寒士俱欢颜”的理念，要说房东最终极的需求是什么，应该是相当高的利润和社会责任的契合点，既在利润可观的情况下顺畅经营，又能满足大部分人群的需求，还能为和谐社会尽一份力，得道多助。

4. 秦龙（遇合公寓）：

省心，省力，收益稳定递增。

5. 季老湿：

房东需要把所有的杂事浓缩在一个依赖点上，把所有的“麻烦”都去掉，只剩下每月收到的房租，简称“除了要钱什么都不要”。

（资料来源：季老湿“租房创业公益课第 66 期《收房十诫：如何理解房东是一种什么生物》”演讲。）

溢价改造六问

情景问题十九：丑房焕新高手如何炼成？

1. 门仕堃（像素公寓）：

在我看来，丑房焕新是一件难度很大的事情，这是一个公司产品能力的体现。首先，深入了解客户需求是第一位的，不同的人有不同的需求，根据客户需求找准自己的定位是第一步；其次，就是产品的设计能力，要根据客户需求与自身定位，在房屋的功能性与美观性上协调平衡，达到最佳视觉效果与实用性；再次，就是生产能力，这也是需要与设计协调的一个重点，产能多大，生产方式如何，要平衡生产周期与成本；最后，在保质、保量、保时效、保成本上达到最优平衡。

2. 李艳红（郑州木虫公寓）：

我观察了很多高手，发现其实高手的成功并没有什么特别的途径，他们只是不断地练习，不断地模仿，不断地创新，做到熟能生巧，完成从有形到无形的进化。从而把优秀变成一种习惯，这就是高手。

3. 莫军（广州墨菲公寓管理有限公司）：

墨菲公寓的发展模式就是“丑房焕新 + 公寓出租”。我们做这个项目之前完完全全是个“小白”，连轻钢龙骨是什么都不知道。所以我们就大量地看公众号，看改造攻略，公众号里面有很多改造攻略适合“小白”学习，它会教你改造的第一步做什么，第二步做什么，甚至还会附上淘宝购买链接。我每次看到觉得有用的文章都会收藏，然后加标签分类，比如“墙”“地板”，这样在以后做改造设计的时候可以搜索相关文章找找灵感。当看了一定量的文章之后，我对丑房焕新就有了感性上的认知，大概知道怎么做了，接下来就是实践。

改造完之后还要进行“不断学习—付诸实践—不断学习”的循环模式，不断提升设计品位，迭代出更好的产品。

4. 季老湿：

高手练成只有一条路，就是大量练习。丑房焕新，亦复如是。

（资料来源：季老湿“租房创业公益课第 66 期《收房十诫：如何理解房东是一种什么生物》”演讲。）

情景问题二十： 怎么改造才能让租客有安心的感觉？

1. 周越巍（上海乐活家服务式公寓）：

要让对方有安心的感觉，就必须站在对方的角度去考虑问题。对方需要什么，我们就按照什么标准去改造。但最基本的改造基础是要按照建筑标准去改造。

2. 喻发明：

样板间。提供改造后的样板间作为案例体验给对方看。

3. 莫军（广州墨菲公寓管理有限公司）：

首先分析对方是谁，性别、年龄、租房需求，然后再做相应改造。比如针对年轻女性白领，房子的装修风格就可以偏向粉嫩系列，适当添加一些床上用品、生活用品，让人一进来就感受到生活的气息，而不是冷冰冰的出租屋的味道。

4. 吕坡（杭州云柚科技）：

新租客搬进来，有时会担心之前的房客有备用钥匙，安全无法得到保障，为了安全起见，很多房东只好考虑重新配门锁，可这样一来，又会产生一笔很大的开销，不重新配房子又有可能难租出去，即使租出去了问题还得自己承担责任，这让很多房东十分烦恼。

云柚开发的智能门锁管理系统，目的就在于帮助房东和租客解决这个问题，让他们安心。房东只要在公寓安装公寓智能门锁，就能非常方便地管理自家公寓了。有意向的客户要来看房子，房东直接下发一个临时密码，设置好时间和使用次数的限制，客户就能很方便地进去看房子。租客入住的时候，给每个需要入住的房客授权，下发专用密码就能让房客打开公寓门入住。等房客搬走了，远程锁死房门，远程删掉开门权限，轻轻松松就能清除密码，既保障了公寓安全，也免除了下一个房客关于钥匙的后顾之忧。而且，系统可以实时记录公寓的开门记录，是谁、在何时开门，一目了然，当保洁阿姨、施工师傅进去作业服务的时候，只需要设置好时间和使用次数，给一个临时密码，就能很方便地完成，即使开门情况异常也能够实时报警，这样一来，公寓的安全性就得到了实时监控和保障。

云柚智能门锁管理系统能在带客看房、房客管理、工程运维的过程中节约不少时间、人力、资金，这样的门锁管理方便、安全。用好的产品，实际帮助客户，我们就是这样让客户有安心的感觉的。

5. 季老湿：

四个字："丧心病狂"（地用好东西）。

（资料来源：季老湿"租房创业公益课第 81 期《收房十诫 6：收房的实相》"演讲。）

情景问题二十一：房子改造时，如何用产品的质感打动顾客？

1. 余咏心（武汉海豚湾公寓）：

改造房子时，要想打动顾客，首先，在硬装和设计上必须合理，所用的材料比如面板，尽量要用外观和质量好的，还要带 USB 接口，这样租客使用更方便；其次，软装非常重要，产品好不好，第一眼就是看软装，要在房间内配上不同主题，给租客不同的感觉，要花一定的心思去设计和安排，还要控制好成本，不能太高，要掌握好度。

2. 喻发明：

设计最为关键，要靠设计打动顾客。

3. 张炎（沈阳懿鑫房产经纪有限公司）：

打动租客还是要靠细节。

4. 唐海洋（九美家具）：

“房子是租来的，但是生活不是租来的”逐渐成为新一代年轻人的主流思想。他们不再单单关注价格，而是更加关注于品质生活，简称质感。

要有质感，还得控制成本，整体的装修都应比较简单，肯定不能采用壁纸、吊顶等复杂的装修方法。这时候通过什么来提升整个房间的时尚质感呢？一定是主要通过家具、软装来体现。我这里有几招可以帮助大家更好地提升房子的质感，从而打动顾客。

（1）墙面粉刷色彩简单。

可以选择一些比较年轻化的颜色。相比呆板的大白墙，彩色的墙更能抓住年轻人的心。清新的色彩环境能让租客们一回到住所，就能从紧绷的工作情绪中解脱出来，只有缓解一天的压力，多一分轻松，才能多一分回家的期盼。

（2）家具基础设施要齐全。

设施齐全是出租房最基本的要求。自己家里需要用什么，就给出租房里也装上什么。冰箱、洗衣机、空调、热水器、电视，这五大件是必不可少的。

每个房间都要有独立、完整的家具，租客一般是年轻人，年轻人处在人生的学习和奋斗阶段，他们的房间里，除了需要一张床、一个衣柜这两样必要的卧室家具外，最好再有一张书桌、一个书架，这是租客最基本的家具诉求，应当满足。

（3）家具色彩统一。

墙面的色彩和需要的家具确定后，就开始选择家具。房间内的家具最好是成套的，至少在色彩上应是统一的，可以选择百搭的白色、黑色等，这样软装搭配出来符合年轻人的审美观，简单大方，无论男女都比较适合。

（4）重视软装和细节陈设。

软装陈设，能让你的出租房一下子气质大增，哪怕是非常便宜的东西。

款式简单大气的吊灯特别能增添出租房的质感；房间除了配备衣柜外，

还可以配备置物架、挂衣架、穿衣镜、床头灯等；卫生间放置置物架，方便租客放置洗浴物品，这些小东西会让租客觉得房东特别贴心，也会吸引更多高素质的租客入住，保证房间的整洁和家具的完好。

（5）选择专业的合租公寓家具供应商。

家具是软装中至关重要的部分，很多房东觉得置办家具肯定会增加成本，其实做好家具成本控制，并专业地处理安装售后等问题也是降低成本的重点，一套简单时尚的装修（包含家具）并不会增加太多费用。一家成熟的家具供应公司，必然有对应的公寓系列家具，有后续优质的配送安装服务，更有后期上门家具维修服务。选择一家专业的公寓家具供应商，一定是各大专业公寓服务公司成功的必胜法宝。

而九美家具公司以“做年轻人最爱的家具，让家具成为时尚用品”为使命，致力于解决各层级年轻人的居家及办公家具需求。

九美家具在款式设计上运用流畅的线条，将现代板式公寓家具的朴实、自然、惬意表达得淋漓尽致，对于整个空间舒适氛围的营造具有不可忽视的作用。

九美家具在设计构思上重视私密性，利用家具将空间有序地分隔为不同的私密度，并且利用家具营造不同私密度空间的氛围；注重空间利用最大化，设计利用家具的可拆卸、可折叠、模块化等方式，灵活机动地利用有限的空间；注重收纳空间的设计，家具设计时能基于公寓生活者的使用习惯，合理设置收纳空间。九美家具致力于为广大消费者打造健康、舒适、时尚的家居生活方式。

5. 马培元（寓公网）：

产品的质感能够提升租客对产品的好感。所以改造房子需要快、准、好。快才能节省房租成本，准才能解决租客痛点，好才能抓住租客兴奋点。快是实现双赢的基础。准与好则需要经验丰富的设计团队来统筹整体风格和细节。

寓公网的设计团队资源丰富、经验充足，有金螳螂、海尔家居、海骊设计、业之峰等专业装修设计团队等骨干力量。企业将装修提高到统揽全局的产品研发设计中，通过整体风格设计和细节处理，提供符合调性的公寓产品。

企业在全国20多个一二线城市布局，缩短公寓改造周期。从前期各个环节实现质感可控，快、准、好。

6. 季老湿：

我在一刹那参透了质感两个字当中的一个字，就是“质”。“质”不光是品质，不光是质量，更是一种感觉。这种感觉叫作安心。质就是一种令人安心、安定的感觉。我们给顾客带去这种感受，可以瞬间降服顾客。就是那种称之为安心的感觉，很牢靠。

（资料来源：季老湿“租房创业公益课《收房十诫2：你的租客究竟要什么》”演讲。）

情景问题二十二：你们的房子在改造过程中应用了什么设计风格？

1. 朱振文（爱窝窝青年公寓）：

我们的风格就是季老湿风格。这是在和季老湿学习中感受到的。季老湿的公众号、朋友圈是远在成都的朋友们学习的最好方式，因为我们发现季老湿的风格很贴合我们的实际，并且盈利效果也是很不错的。

2. 王云（贵州巧寓网络科技有限公司）：

我认为宜家风格很不错。我们一直朝着这个风格靠近，简约、清新、自然。

3. 刘寄（如米公寓）

对待产品我们是认真的，一定是以客户居住为产品核心，风格上如米追求简约而不简单，简单的背后是我们对极致的完美追求。

4. 曾添（麦家公寓）：

设计风格从来都不是固定的，长租公寓采用什么设计风格与品牌定位、租客定位、市场定位、选址等诸多因素密切相关。简单来说就是四个字：“用户画像”。麦家公寓在杭州靖源店采用的是欧美田园风，在杭州未来科技城店采用的是地中海风格，在杭州宁波大学店采用的是小清新风格，在温州浙南云谷店采用的是撞色风格，每一种风格的运用都是对租客画像的反馈，再通过麦家公寓专业的设计团队的精细设计，最终在每一个项目中实现。

5. 季老湿：

你回答我一个问题，可乐什么味道？如果你能回答可乐是什么味道，就可以回答我们是什么风格。

（资料来源：季老湿“租房创业公益课第74期《年关攻略》”演讲。）

情景问题二十三：为什么我花了很大的心思改造装修的房子，租客却不买账？

1. 熊磊（陕西铂客公寓管理有限公司）：

公寓创业的大忌就是做情怀。产品好不好，自己说了不算，同行说了不算，只有租客说了算，市场说了算。在得到租客认可之前，产品不要批量复制，先试验一两套，看看市场反馈和接受度再批量生产，而且要有计划、分阶段，不要盲目更新产品。

2. 芦逸（菜鸟青年公寓）：

因为你花心思装修出来的风格是你自己喜欢的，而不是租客喜欢的。

3. 莫军（广州墨菲公寓管理有限公司）：

租客不买账的原因有很多。第一个是位置，不在公司附近，装修得再好租客也很难埋单；第二个是价格，租客找房能接受的价格是跟他的收入直接挂钩的，而不是跟房子的装修挂钩的，所以装修得再好，如果定价高了，租客也不会埋单；第三个才是装修本身，萝卜白菜各有所爱，设计师喜欢文艺范，用木托板做床架，看起来很酷很文艺，但是租客觉得这很“寒碜”，没有一张正式的床，这是没有办法改变的事情。只能说多尝试各种风格，挑一些主流的风格去做，这样大众的接受程度才会高。

4. 安栋（T6 家居）：

花了心思、花了钱，也请了设计师，租客却不买账，这是一个令人郁闷却又经常发生的问题，从装修的角度分析，道理简单但容易被人忽略。

（1）不讨巧的个性化装修。

个性化装修往往只会受到20%～30%租客的喜爱，失去大部分人的青睐是再正常不过的。这也是 T6 家居在选择所有家具时坚持中性化的原因，我们要保证我们的家具受到大多数人的喜爱。装修中的大物件如墙壁、家具、窗帘建议选择中性化，而小饰品可以保留个性化的气息，如花瓶、抱枕和其他饰品，从而最大化地争取到有预算的客人。

（2）我喜欢并非他喜欢。

有些房东觉得豪华、气派的装修人人都会埋单，但事实并不见得。宫廷式的家具放在公寓反而会让人感觉压抑，客人或许只需要温馨、舒适的居所。房东没有站在客人的角度考虑，自然花了大钱又达不到效果。

（3）考虑美观却忘了实用性。

漂亮的装修若是不能满足租客的实际需要，一样不讨好。开发商的样板房都非常出色，目的是吸引眼球，但租赁房与销售样板房相比更注重实用性，这也是 T6 家居选择租赁产品的考量标准。房东需要为租客考虑更多实用细节，譬如储物空间是否足够，面积是否充分利用，开关位置是否方便等，从而获得更多房客的认可。

5. 季老湿：

你改造的房子还是收回来自己住吧，因为你是按照自己的喜好来改造的。大部分人都是这个样子，这是人的通病，自己做产品的时候，认为自己喜欢，别人就一定喜欢。要想清楚我们究竟是按埋单的人的想法来改造，还是按照自己的好恶来改造，这是根本性的问题。也就是为什么说，这是产品经理的工作。

（资料来源：季老湿“租房创业公益课第 74 期《年关攻略》”演讲。）

情景问题二十四：如何帮助客户快速做决定？

1. 熊磊（陕西铂客公寓管理有限公司）：

先要与客户在沟通的过程中成为朋友，以诚相待，不要上来就谈与出租相关的话题，要根据租客需求和实际情况，快速判断，扬长避短地多角度表现房源的优势。当然，也要谦卑地说一些自己产品的不足和解决的办法，而且不要带客户看太多的房源，避免客户出现选择恐惧症，看花了眼。

2. 芦逸（菜鸟青年公寓）：

首先，推荐给客户的是适合他的产品；其次，在适合他的价位里面，我们的产品不比任何人的差。

3. 李磊［微舍（上海）公寓管理有限公司］：

第一，站在客户的角度交流沟通；第二，用我们的产品亲自发声；第三，将我们的专业服务态度传达给客户。

4. 季老湿：

我们卖的不是房子，我们卖的是一种感觉。

（资料来源：季老湿“租房创业公益课《收房十诫2：你的租客究竟要什么》”演讲。）

溢价收房十一问

情景问题二十五：跟房东谈收房的最高秘诀是啥？

1. 熊磊（陕西铂客公寓管理有限公司）：

抓准对方的需求，体现自己的优势和价值，争取最大的空间，实话实说，不玩套路。把握四句话："我要什么，我能给你什么，你要什么，你能给我什么。"尽可能在话术上形成闭环，根据业主条件和需求，确定合作方式，比如，包租、合作分利、轻资产托管等。

2. 莫军（广州墨菲公寓管理有限公司）：

目前我们的做法是让中介去谈，用车轮战谈业主，没有别的办法了。我觉得可以努力的方向有以下两个，一个是拓宽拿房渠道，找中介，找物业处，找门口保安，甚至找小区保洁阿姨，因为这些人天天接触业主，说不定有突破。另一个是整理一套专业的话术，怎样介绍自己，怎样跟业主沟通，我个人最大的感受就是有的中介会直接跟业主说："客户是做包租的，是'包租公'，二房东。"有的中介就说："客户是品牌公寓公司，已经在这里做了一年多，已经有了十几套房。"这两种说辞本质上都是对的，但是表达方式不同，切入的角度不同，让人听起来感觉就会差很多，所以整理出一套适合自己的专业的说辞是很有必要的。

3. 季老湿：

花 90% 的时间"扯淡"（获取信任），只有 10% 的时间是用来真正签约的。

（资料来源：季老湿"租房创业公益课《收房兵器库》"演讲。）

情景问题二十六：收房时，房东的递增方式我接受不了怎么办？

1. 周越巍（上海乐活家服务式公寓）：

谈其他有利的条件。

2. 兰金龙（太原易租房产经纪有限公司）：

其实很多房东都不差钱，他的递增很多时候只是想心里舒服点，多说点恭维的话，或者按他的意思递增，但是具体递增多少，很多房东是没有概念的，我们可以适当地满足一下他。

3. 莫军（广州墨菲公寓管理有限公司）：

我们一般接受的递增方式是前三年不变，第四年和第五年每年递增5%，如果业主要求递增8%，那就只能再磨，或者降低首年租金，抬高递增比例，实在不行就只能放弃了。不过一般一个地方的租金递增方式有不成文的规定，广州的递增幅度一般是5%，其他地方我不知道。我们都是按照这种不成文的规定来走，业主也比较清楚当地的递增方式，所以很少有分歧。

4. 季老湿：

我看好未来十年资产泡沫的继续，这是一定的，这是近几十年来不变的主题；所以，有钱就花掉，不要留在手上。

（资料来源：季老湿“租房创业公益课第74期《年关攻略》”演讲。）

情景问题二十七：收房时，如何在房东面前保有强大的气场？

1. 刘玉昌（果果青年公寓）：

公司拥有规范化的经营和流程，专业的团队和产品，丰富的案例和良好的客户评价带来的佐证，还可带对方参观样板间。公司管理信息化、透明化，房东可通过微信公众号随时查看自己的房屋状态、租金账单、入住人员情况等。让房东认可我们，并放心地把房子交给我们管理，甚至还能助他实现房屋增值。

2. 林晓杰（琪屋公寓）：

要给人专业感，收房价要合理。

3. 高伟（直租之家）：

首先，语气要坚定、自信，说明自身的优势，树立品牌；其次，可以列举和他同等类型房子的合作例子，并分析他们愿意合作的原因；最后，列举他们自己出租的痛苦和房间里的不足。

4. 季老湿：

当你经历过把一个“丑房”，30 天以后变成一个自己无限陶醉都不舍得交出去的房子的过程，你就会体验到那种美。从此以后，当你再一次站在任何一位房东面前，你都会散发出完全不一样的气质，而这种气质不是你可以改变的，也不是你可以压抑的。你的这种自信不是今天听一次培训，听一节课就可以产生的，而是你亲自历练后，最后得到的那种体验，它会自然而然散发出去，像体香一样。

（资料来源：季老湿“租房创业公益课第 85 期《长租公寓入门》”演讲。）

情景问题二十八：在一个地方收不到房子怎么办？

1. 陈苛苛（苏州一禾木生活服务有限公司）：

做业务最重要的是资源的价值，而优秀的房源是业务开展的基础，大多数从业人员往往会遇到范围内过大的竞争，或因发现不及时、谈判力较低而错过房源，这时就要看实战力了。

2. 兰金龙（太原易租房产经纪有限公司）：

为什么要局限在一个地方呢？只要性价比高，交通便利，很多人会愿意住得稍微远点儿。

3. 邱新亮（西安景润房地产代理有限公司）：

如果在一个地方收不到房子，那就想办法看看还有没有其他途径，如果还是解决不了这个问题，那就重新选择区域，开发新的市场。

4. 李磊［微舍（上海）公寓管理有限公司］：

对于我们来说，不存在收不到房的问题，能力和变通是根本。一个团队没有必胜的信心是做不出事业的，可以采取以下方法。①改变定位和策略；

②重新审视营销方法、区域特征、业主心理；③通过调整价格、中介费等因素打开突破口；④引导员工在语言沟通上的技巧和方式。

5. 秦龙（遇合公寓）：

探索多种合作模式，如通过代运营开发商自持物业、并购的方式获得房源，或者与国有企业资产合作人才宿舍等。

6. 季老湿：

只有花时间才能成就事业，你的注意力在哪里，成就就在哪里，这个是大家都知道的道理，不需要我来讲了，已经变成鸡汤了。

（资料来源：季老湿“租房创业公益课第 68 期《收房十诫 4：收房的绝对禁忌》”演讲。）

情景问题二十九：合同签多长时间比较合适？

1. 余咏心（武汉海豚湾公寓）：

这个要区别开来，具体分为分布式公寓和集中式公寓，这两种是不一样的。分布式公寓合同应签 6 年。但是装修期和空置期要放在外面。比如我租了一个 6 年的房子，房东给我 3 个月的装修期，6 个月的空置期，这样就是 6 年 9 个月。集中式公寓的合同 10 年起步，越长越好。

2. 兰金龙（太原易租房产经纪有限公司）：

简装的房子 3 ~5 年，毛坯的房子 5 ~8 年。

3. 季老湿：

大于等于 6. 5 年，小于 20 年（法定最高年限）。

（资料来源：季老湿“租房创业公益课《收房兵器库》”演讲。）

情景问题三十：大家平时在哪里签约？

1. 熊磊（陕西铂客公寓管理有限公司）：

之前大部分是在公司签约，因为公司环境比较好，有助于提高信任度，目前技术上已经可以满足线上签约，可以根据租客需求灵活签约，尊重租客的选择。

2. 芦逸（菜鸟青年公寓）：

各个门店。

3. 刘小全（函数公寓）：

客户一般在店里签约。

4. 罗曾渝（可加公寓）：

使用线上签约，签约的场地不固定，主要还是以租客的选择为主。

5. 陈珂（可岸服务式青年公寓）：

看房现场签约最有效。

6. 季老湿：

我认为，签约场合有三个：“主场、客场、中立场。”最让我放松的就是主场，相反的就是客场，中立场就是在经纪公司门店。

（资料来源：季老湿“租房创业公益课《收房兵器库》”演讲。）

情景问题三十一：选择签约场地有没有诀窍？

1. 李金涛（青岛青途驿站公寓有限公司）：

有必要带客户来公司签合同，让客人看到我们公司的规范化和实力。一方面打消客人的潜在疑虑，另一方面增加客户的认知度和满意度。

2. 邱新亮（西安景润房地产代理有限公司）：

签约场地的选择较灵活，要根据洽谈的实际情况确定，有的房东就觉得在现场，也就是在他的房子里签约合适。签约完可以立即去物业进行水电各方面的交割，这样做比较省时、省力、省心。当然也有的房东对你公司的实际情况不了解，也有可能想去公司签约。我跟业主在他的办公室签过，在肯德基里签过，也在物业接待中心等地签过。

3. 李磊［微舍（上海）公寓管理有限公司］：

签约场地首选物业相关办公室，其次是公司办公室，再次就是小区内部办公室。要根据客户需求和要求判断，有情调的咖啡厅也是可以的。

4. 季老湿：

高手无论身在何处，都能够营造高能量的主场，将对方“收服”；普通选手则正好相反。

（资料来源：季老湿“租房创业公益课《收房兵器库》”演讲。）

情景问题三十二：你收房签约要特别带什么？

1. 潘昱翔（上海享寓商务咨询有限公司）：

看房东需求，一般是公司营业执照、个人身份证、房东委托书、租赁合同等，但最关键的是要带着一份好心情和必签的决心去收房。

2. ib：

带上钱。

3. 向绍泉（重庆荣者房地产经纪有限公司）：

两份合同，一支签单“神笔”。

4. 罗意（北京乐乎公寓物业管理有限公司）：

签项目的时候，我们最看重的其实是有没有合适的空间去做公区，比如咖啡厅、健身房、影音区等。乐乎把“社区 + 社交”视为未来发展的重要增长极，因此积极搭建线上社区圈，打造智能化生活社区，通过手机 App、智能门锁、智能水电表，实现房间预订、租金缴纳、水电充值、社区交友等服务，达到“一键搞定”的效果。同时，积极引入 O2O（线上到线下）服务，让租户足不出户就能享受到服务。同时，线下举行品鉴、课程、培训等活动，几乎每周，每个社区我们都会组织活动，有公司层面的、门店层面的、客户自发的、外部团体的，等等。

5. 季老湿：

签约不带钱就是“耍流氓”。至少要带三指厚的一叠人民币，是能让你和对方“有感觉”的量。

（资料来源：季老湿“租房创业公益课《收房兵器库》”演讲。）

情景问题三十三：如何成为收房谈判的高手?

1. 熊磊（陕西铂客公寓管理有限公司）：

首先把自己公司的收房标准、算账方法牢记于心，抓住客户需求，快速做出判断，敢想、敢说，多谈、多锻炼，算大账，随机应变。

2. 芦逸（菜鸟青年公寓）：

品牌运营概念——不能仅仅想做一个二房东，一定要做公寓公司，而且是品牌公寓公司。对于大小业主来说，一个正规的有理念的企业，一定超越一个仅有钱的二房东。而企业的入驻，对于大小业主本身的物业升值和人气的提升效果也是非常显著的。

3. 李磊［微舍（上海）公寓管理有限公司］：

沟通能力是根本，行业的专业性是必需品，同时你还需要一个强大的团队。销售管家为你提供单套的实时数据，工程为你提供装修改造的预算，运营可以为你提供区域内的各项指标数据。有了团队的支持，只要你肯努力向上，都可以成为收房谈判的高手。

4. 季老湿：

高手应通过绝对的大量练习，“每日一谈”。“不是在谈判桌上，就是在去谈判的路上”，让每一个签约场都变成主场。

（资料来源：季老湿“租房创业公益课《收房兵器库》”演讲。）

情景问题三十四：年底收房有诀窍吗?

1. 徐光（芜湖爱尚逸家轻时尚公寓）：

在收房这个问题上我们坚持自己的原则，不去盼望上涨所带来的溢价空间，而是收来就必须要有利润；年底收房通常来说更容易，否则业主的房子就会马上空置一个月，甚至两个月。

2. kashing：

收房的诀窍千变万化，要根据对方的具体情况而定。唯一的关键在于要抓住对方的心。

3. 向绍泉（重庆荣者房地产经纪有限公司）：

诀窍就是“租房的淡季却是我们的旺季”。

4. 季老湿：

很多人干了很多年，到冬季不敢收房。为什么？怕房子收回来空着，没有人要了，连装修工人都没有。但是你知道吗？在许多年前有一个口诀：“12 月 1 日只干一件事情，有多少钱全部用完。用在什么地方？收房。”因为每年一过年都有无数小伙伴后悔，说季老湿我真应该听你的话，去年我要是把子弹打光就好了，今年房子租得像飞一样，而且价格好得不得了。即使这样每年 10 个小伙伴中只有 2 个听我的话，还有 8 个人是听不进去的。

（资料来源：季老湿“租房创业公益课第 74 期《年关攻略》”演讲。）

情景问题三十五：　请用一句话总结你的收房绝招?

1. 林晓杰（琪屋公寓）：

真诚地给价。

2. 王宇（未来域资管集团）：

收房。不存在绝招，要通过自己的观察和资源整合能力获取物业。专业经验非常关键，特别是房地产行业的专业经验。

3. 罗意（北京乐乎公寓物业管理有限公司）：

这句话我已经提了很久了，就是“拥抱多样化的房源供给”。公寓物业选址需要新思路，除了民居、厂房外，商场、众创空间等形式的商业场所都可以纳入公寓选址的范围。太过单一的房源选择，会使行业的精力过多聚集于选址，而多样化的房源供给不仅可以扩大房源，也容易形成更多样的风格。

4. 季老湿：

“能长签吗?”就是这四个字，无限简单。高深的本事的本质都异常简单，都是一学就会的。

（资料来源：季老湿“租房创业公益课《收房兵器库》”演讲。）

情景问题三十六：创业中，你最快乐的状态是什么？

1. 朱振文（爱窝窝青年公寓）：

通过我们的努力，让城市工作的年轻人找到喜欢的房子，是我们最快乐的时刻。

2. 王云（贵州巧寓网络科技有限公司）：

我们在做一件有叠加效应的事情，这种状态很快乐。我觉得这样的事情做起来很开心，每天都在进步，都有收获，都在叠加，无论是客户、服务经验，还是收入。

3. 刘寄（如米公寓）

创业就好比农户种果树，树什么时候长大，什么时候结果，都存在很大的偶然和不确定性，这也是其魅力所在，每天享受果树健康长大的过程，是最欣慰和快乐的。

4. 季老湿：

比如我昨天晚上还在这个城市工作到凌晨，早上5点就爬起来，跑到机场飞到另外一个城市。这种节奏是我最享受的，我觉得这种节奏很舒服，让我闲下来我是受不了的。

（资料来源：季老湿“租房创业公益课第85期《长租公寓入门》”演讲。）

情景问题三十七：创业最大的机会成本是什么？

1. 王云（贵州巧寓网络科技有限公司）：

时间是创业最大的机会成本。创业会超乎想象地占据你的生活，占用你的时间，耗费你的精力。如果你创业成功了，那么它会长期占据你的生活，少说十年，多则二十年，也许是一辈子，所以创业的成本就摆在这里。我们必须专注于我们的创业点。

2. 刘寄（如米公寓）

目标不明确会导致各种选择性失误，对市场环境和需求认知模糊，也会增加我们的成本，在没有想清楚做一件事之前去做一件事，会是最大的机会成本。

3. 季老湿：

创业最大的损耗不是钱，是时间。你的青春就是在这不知不觉中，从指缝中溜走了。

（资料来源：季老湿"租房创业公益课第85期《长租公寓入门》"演讲。）

情景问题三十八：如何找到创业领域中"每天都要解决新问题"的方法？

1. 朱振文（爱窝窝青年公寓）：

问题随时都会出现，我们要多学习，多和同行交流，比如我印象很深的就是第一次听季老湿的课，这给我们解答了很多疑惑，让我感觉我们的行业如此有意义。

2. 王云（贵州巧寓网络科技有限公司）：

通过学习可以找到解决问题的方法。学习对每一个人都是重要的，在创业过程中尤其重要。学习可以帮助你在创业的过程中，找出你的瓶颈。

3. 刘寄（如米公寓）

就我个人而言，除非自己已经放弃，不然每天都会存在各种问题需要及时解决处理。那么如何找到解决问题的方法？我觉得需要分析问题背后的本质。找到问题的本质关键，就能找到方法。

4. 季老湿：

痛苦能够教会我们获得解决方案。痛苦到了极限，如果你有足够的智慧，就能反向寻找到解决的方法。痛苦到极限就能找到答案。就好比你今天回家和女朋友吵得不可开交，吵到极限的时候，你才真正明白她想要什么，而平时你好我好大家好，你永远不知道。

（资料来源：季老湿"租房创业公益课第85期《长租公寓入门》"演讲。）

情景问题三十九：你如何找到每天创业的动力？

1. 门仕堃（像素公寓）：

在创业动力这个问题上，其实我建议不要过于强调一些"高大上"的道理，创业就是向着自己内心的想法去做一件事，既然想了就去做，做是要给想一个交代，无论是否创业都应该如此。当然，在创业的过程中会有很多困难与阻力，适当地调节心态很重要，不要逼自己，不要过于相信自己的内心会很强大，要引导疏导自己，适当给自己一些奖励，让自己在创业路上走得更远。

2. 刘运华（全房通房屋管理系统）：

创业的第一动力就是"你不努力，你的东西就卖不出去，房租、员工工资、房子按揭、老婆孩子的生活费等都没有着落"，这是实话。当你的公司度过了这种起伏期以后，公司业务趋于稳定，收入也稳定，这时候的动力就来自客户了，IT（信息技术）系统对于一个公寓能否赚钱、能否壮大起着50%以上的作用，使用你的产品，就意味着客户把50%的希望都交到了你的手上，你有什么理由去敷衍了事？当客户抛弃其他的产品，转而使用你的产品的时候，客户是对你充满期待的，希望你的产品比别人都好，希望他自己的选择是正确的，每当面对这些客户的时候，我作为创业者，我们唯一也是必须要做的，就是拼命去升级你的产品，永远给客户惊喜，绝不能让他们失望。

3. 李艳红（郑州木虫公寓）：

目标是支撑创业的最大动力。如果你清楚你的路在哪里，就会每天拥有充足的动力。如果你的目标不清晰，你就会不断陷入迷茫期。

4. 赵飞（FUNX 自由青年社区）：

我的创业动力是追求个人的成长。这个成长包括客户给予我们的东西。

5. 季老湿：

我们体验到这样一件事情：这么多人需要我们，我们感觉自己很了不起，内心深处觉得自己了不起，这不是骄傲，而是感动。我们被自己感动到了。因为有这么多人愿意交与你信任，你就觉得自己一定要做好，才不辜负大家的信任。你越不辜负大家的信任，越是被推着往前走。

（资料来源：季老湿“租房创业公益课第 85 期《长租公寓入门》”演讲。）

情景问题四十：如何打造租房创业团队的口碑？

1. 门仕堃（像素公寓）：

口碑这种事，不是一蹴而就的，不是靠几次宣传推广就能“搞定”的。宣传只是扩大品牌在客户间的知名度，这不代表口碑。口碑是长期坚守某一些原则后慢慢实现的，几年如一日地坚持优质服务、坚持客户至上、坚决惩处违背原则的人，才能树起口碑。当然，打造爆款产品强力推出也是建立口碑的一种非常不错的方式。

2. 赵飞（FUNX 自由青年社区）：

我认为“实事求是”是打造团队口碑的关键。只有你的团队做到“实事求是，真诚对待，积极向上，长期坚持”，口碑才能实现。

3. 莫军（广州墨菲公寓管理有限公司）：

诚信、用心、合作。

（1）诚信。对业主诚信，拿房的时候跟业主明明白白说清楚我们租下房子是用来做什么的，怎么经营的，不要隐瞒业主。广州的分布式公寓市场不是很成熟，很多业主没接触过长租公寓，不同意接受转租，不同意客厅改造，所以为了拿房，很多时候中介会隐瞒业主，但这不是长久之计，公寓要想稳定发展，就要在拿房时和业主实话实说取得支持，即使慢一点也没关系。

（2）用心。对租客用心，用心装修房子，用心做好日常维护，用心与租客交朋友。

（3）合作。与中介合作，合作拿房，合作出房。建立规则，说好给多少佣金就给多少佣金，谁带的客、谁找的房，就跟谁成交，不要为了一次眼前的利益跳单，丢了信誉，这样不利于长期合作。还应与家具厂家、门锁厂家等合作，借助第三方的力量实现共赢。

4. 季老湿：

口碑来源于产品。产品不够令人尖叫，怎么能够形成口碑，普通的产品根本不能形成口碑。刻骨铭心的经历才能留下印象，从而形成口碑，带来传播。

（资料来源：季老湿“租房创业公益课第 68 期《收房十诫 4：收房的绝对禁忌》”演讲。）

情景问题四十一：如何打造租房创业团队？

1. 潘昱翔（上海享寓商务咨询有限公司）：

创业团队分工一定要明确，先是划分责任归属，每个人无条件完成自己工作所需，在力所能及的基础上帮助团队中的其他人。每个周期团队内固定时间协商目前面临的问题，这个具体要看主营业务。长租也分为对外整租和对外分租。

2. 王宇（未来域资管集团）：

每个创始团队、创始人都会根据自己的人脉圈和行业经验搭配组织架构，然后通过时间的积淀，一点一点去更替自己的创业团队或者自己的阶段性目标。

3. 向绍泉（重庆荣者房地产经纪有限公司）：

需要一帮肯干肯拼的年轻人。

4. 罗意（北京乐乎公寓物业管理有限公司）：

乐乎是一家创业公司，所处的行业是一个朝阳产业，服务的对象也是青年人，所以必须是一个充满朝气的企业，团队也必须充满正能量。目前乐乎的团队里多数都是“85 后”和“90 后”的年轻人，他们阳光活泼、脑洞很大，所以乐乎形成了正直、奋进、快乐的企业文化，也拥有了一支能打硬仗、能打胜仗的团队。

5. 季老湿：

我们许多公寓创业者以为把 50 个人组合在一起，就变成了一个团队；好比我们把齿轮拼在一起，就能变成一台闹钟一样——这是一个愚蠢的小老板思维。我们曾经经历过这种局限性思维的痛苦，然而今天还有许多人在走我们以前的老路。所以我们提出这个问题，第一是提醒，第二是借鉴，希望帮助大家少走弯路。

（资料来源：季老湿“租房创业公益课第 85 期《长租公寓入门》”演讲。

情景问题四十二：你是如何找到你的创业模式的？

1. 王宇（未来域资管集团）：

对于我来说，发现存量市场的机会，取决于当时的行业经验和一个偶尔的机会。我觉得这个行业能做，市场上当时还有窗口期，所以选择做这个行业。

2. 刘运华（全房通公寓管理系统）：

我 2008 年就开始做公寓，在这个行业摸爬滚打了近十年，可以说对这个行业非常了解，用几个关键字形容就是烦琐、操心、累。但它也有两个天然的优势，即门槛低，适合草根创业，收益相对稳定且长远。我在 2009 年就发觉这个业务做起来麻烦，要依靠软件的帮助，结果一直没有合适的，无奈之下只好外包给他人开发。后来才知道，一不小心，我成了全中国开发系统最早的人之一。系统一做就是四五年，后来帮我开发的人都不给我做了，说我这个系统太麻烦。我一怒之下就决定自建团队做，一进场，我才发现这是个大窟窿，每个月公寓赚的钱全砸进去了。后来我实在受不了了，就找一些关系好的同行分享这个系统，收一点费用，分担一下成本，然后发现，大家都觉得这个系统很好用，慢慢地，找我的人就多了起来，最后经过一番合计，我就走上了做系统之路。目前为止，我们的产品已经迭代了上千次，创业团队也从几个人发展到了几十个人，回想起来，其实创业模式并非一早就形成，往往是在不断前进中逐渐形成的。

3. 凌骏（魔方金服）：

以前空间运营商们的融资渠道有两种。第一，股权融资，通过出让股权吸纳风险投资。多数公寓企业限于资金压力，以“包租”的方式获取房源，难以摆脱二房东的本质。而资本市场对于二房东这个角色不会给出太高的估值。第二，债权融资，向亲朋好友或者小额贷款公司借钱，流程不正规而且贷款利率极高。

目前长租公寓行业面临巨大机遇，而公寓行业做资产证券化的金融产品具有天然优势。一方面租客可以为平台带来稳定的流量，另一方面租约可以带来稳定的现金流。同时，相比于汽车、大型机械设备等资产的融资租赁业务，房产具有保值、增值、安全性高等特点，因此整个业务模式就形成了良性闭环的存量房地产金融生态系统。

基于公寓行业需求及痛点，魔方金服为空间运营商提供全产业链的运营服务，打造股权融资、租约贴现、租约证券化、供应链金融、消费金融 5 大金融产品，在存量物业、收房、设计、装修、配置、出房、租后服务等每个环节都能充分提高效率、发挥价值。运用金融杠杆降低运营成本，提高投资回报率。

4. 罗意（北京乐乎公寓物业管理有限公司）：

所有的模式，在你没有尝试之前是没有对与不对的。每一个创业者其实都是在摸着石头过河，只有走到对岸才知道你的创业模式对不对。我在创立乐乎之前，做过租赁，做过餐饮，这些失败都是成功的财富。对于创业者来说，失败不可怕，因为失败证明了这个模式不对，你才能找到正确的模式。

5. 冯玉光（水滴管家）：

随着市场上房源和人手的增加，公寓的管理将越来越吃力。

（1）房源管理难。随着房源增多，Excel（表格）管理效率低，业务员经常登记错误，房源租赁情况、费用收取情况、维修服务等每次都要花大量的时间整理。

（2）账务算不清。记账不规范，报表混乱，财务不透明，管理不规范，无法做风控，金融机构及银行不愿意提供贷款。

（3）房租、电费收取难。经常会有租客拖欠房租、电费不交，没什么有效的催租方法。每个月抄电表、计算电费也很麻烦，收取固定电费，租客不愿意，每次收电费都很费力。

因此，我们研发了水滴管理系统。水滴系统除了满足了公寓日常中房源、合同、租客、财务等管理外，还对接了智能电表，对接了公寓方微信公众号，更重要的是，通过水滴租金分期，企业可以快速回收资金，扩大公寓规模。

6. 李磊（会分期金融）：

在持续飘红的房屋租赁市场中，传统租赁形式会面对几大问题。

首先，随着年轻人消费观念的改变以及对租赁需求的升级，传统的租赁市场明显已无法满足个性化的需求，长租公寓的发展将会是未来租赁服务的盈利竞争点。然而对于刚刚步入社会的年轻人来说，高额的押金压力和一次性付清的租金让年轻人对优质房源的房租望而却步。

其次，传统中介或二房东式的租赁方式中长期存在的高额中介费、黑中介、乱报房价、乱扣押金、假房源等一系列的问题既让众多寻求住房的年轻群体头疼不已，对各种租赁渠道产生信任危机，又扰乱正常的租赁市场，形成客户找房难，租赁公司获客难的“双输”局面。

如果说58同城、链家、搜房网等互联网租房平台的出现打破了租赁市场前期信息不对称的局面，那么，持续盛行的房屋租赁市场新需求，与顾客对租房消费的刚需不对接的局面则需要另一种产品来打破。一种新的消费金融产品——租房消费金融的出现，正在慢慢地打破这种局面。这也是我们“会分期金融”找到创业模式的关键。

整个传统的租房交易链条涉及业主、租客、职业房东、供应链商家等，他们既有可能是资金需求方，也有可能是资金供给方。而在新的租房交易链条中，消费金融的出现搭建起租房消费金融的新链条，他们分别是业主、租客、职业房东、中介、C2C（个人与个人之间的电子商务）平台、B2C（商家对顾客）平台、房屋金融中介、资金供应商、保险公司等。在这种链条中专业的租房分期 O2O 金融平台起到至关重要的链接作用。

以我们“会分期金融”为例，作为金融分期方案的提供商，它能够有效地链接房屋供给方——职业房东、供应链商家、C2C 平台、B2C 商家及房屋租赁的需求方（租客）。“会分期金融”是一个租房分期网站，通过帮租客向房东垫付房租，租客按月还款的方式，让租客实现月付房租。“会分期金融”是会找房（北京）网络技术有限公司旗下一款租房月付产品，通过租房“押一付一”降低租房压力。房租分期付打破传统的“押一付三”“押一付六”的交租模式，“会分期金融”通过帮租客先向房东垫付房租，实现租客按月向“会分期金融”交租。“会分期金融”将主要客群定位为年轻人，大多是“90后”新生代，他们一方面愿意追求更好的生活，对住房有较高的要求；另一方面积累有限，面对一次性较大额度的租金支出有资金压力。

另外，目前市面的房源、中介和二房东占据了整个市场存量的约 70%，“会分期金融”通过前期对其单笔订单的成交为自己获得巨大客源的同时，也通过对中介资源的整合实现房源质量的保证，间接规范了中介市场。

而在金融领域，面对 70% 的市场存量，传统的房屋租赁模式房源分散、单纯的 C2C 撮合交易房源核实成本昂贵，即使有分期业务的需求，也难以形成规模。因此“会分期金融”这样的平台不仅作用于租户及房源供应商，更作用于金融领域。“会分期金融”将自身在租赁消费金融链条中定位为金融机构获客端，通过整合分散的房源及租户，为金融机构提供优质的借款用户，成为作用于分期租赁的优质获客平台。

这种全新的、简单高效的全新房屋租赁生态平台也正逐步获得资本市场和房屋消费市场的认可。2015 年 5 月“会分期金融”获得源码资本 A 轮投资；2016 年 4 月获得京东金融战略入股；2017 年 1 月获得上市公司联络互动 C 轮投资，并且获得金融机构的认可并进行授信和加保。

7. 季老湿：

现有的业务模式不是我们想出来的，是用户驱动的。用户追着我们、赶着我们，最后我们服务好了客户，还赚到了钱。

（资料来源：季老湿“租房创业公益课第 74 期《年关攻略》”演讲。）

情景问题四十三：你创业之初的哲学和理念是什么？

1. 朱振文（爱窝窝青年公寓）：

把丑房变新屋，我们把它作为立业之本，这也是我们创业之初的哲学和理念。创业之初，就是要把产品做好，做到极致，当你把丑房变新屋后，奇迹自然出现。

2. 王云（贵州巧寓网络科技有限公司）：

只要你坚信方向正确，就能达到目标。如果你连自己都不相信，都不坚持自己的方向是正确的，请问还有谁能够帮你？特别是在长租公寓这个行业，它需要时间来积累。耐得住寂寞，坚定你的方向，一定会成功。

3. 刘寄（如米公寓）

创业是人生中的一次修行，也是对自己的革命。

4. 季老湿：

没有人能解决自己的问题，只有拼命解决别人的问题，才有可能顺便解决自己的问题。

（资料来源：季老湿"租房创业公益课第 66 期《收房十诫 3：如何理解房东是一种什么生物》"演讲。）

情景问题四十四：你的创业经营理念方法论是什么？

1. 刘运华（全房通房屋管理系统）：

我希望把全房通做成一个完美到极致的产品，这是我对我自己创业的终极目标。很多人觉得创业的目标是一定要上市，或者做一个像阿里巴巴那样的平台，我没有这么复杂的想法。打动人心的一定是你的产品，你上不上市对用户来说没有任何区别。可能做系统入戏太深的缘故，我把这个系统看成是我生命中的一部分。我经常通宵研究怎样让某个功能可以少点击一下鼠标或少切换一个界面就能实现，也经常在半夜醒来跳起来打开电脑记录刚才梦里一闪而过的灵感。所以，我的经营理念就是：①做一款比别人好的产品；

②为你的产品提供同样好的服务；③没有做到这两样之前不要去想其他的。

2. 熊磊（陕西铂客公寓管理有限公司）：

敢想敢为，尽善尽美！有计划、有逻辑，踏实、真诚，懂得感恩。

3. 芦逸（菜鸟青年公寓）：

用菜鸟心态，做“NB（强大）”公寓！我们专注中高端集中式公寓，专注服务好我们所定位的人群。

4. 莫军（广州墨菲公寓管理有限公司）：

诚信、用心、合作，多干实事，找到自己的节奏。

5. 罗曾渝（可加公寓）：

做有价值的事情，抓住目标用户的需求。

6. 季老湿：

得产品者得顾客，得渠道者得天下。

（资料来源：季老湿“租房创业公益课第 85 期《长租公寓入门》”演讲。）

情景问题四十五：你如何理解公寓创业者的修行？

1. 李金涛（青岛青途驿站公寓有限公司）：

选择进入一个行业在于你对该行业的认识性和可持续性。创业者应当谨慎探索并有计划地前行，有着一颗奋斗的决心和敢于迎难而上、破除万难的精神。高调做事，低调做人。

2. 邱新亮（西安景润房地产代理有限公司）：

所谓的修行，是因为自己还在路上，没有成佛。做公寓很煎熬，没有十足的必胜信念，在这条路上，会一不小心走偏了方向，迷失了自我。我认为既然干了这一行，就别谈累，而要谈存在价值，你只需努力前行，剩下的交给时间。

3. 李磊［微舍（上海）公寓管理有限公司］：

公寓创业说起来确实很艰辛，我从做公寓开始至今就一直没办法好好休息，这一行表面上看来很简单，就是拿房—装修—出租—收房租，事实上并非如此。如果简单地做一个二房东是不难，但是用心地做公寓真不容易，事无巨细，拿房—采购—装修—销售—管家—运营，每天你无时无刻不在这些环节之中查漏补缺，某一环节出问题就会导致连锁反应，因为没有现成的模式和案例可循，借用一句话来说就是“既是苦趣，也是乐趣”。创业本身就是一种修行，特别是经过多次创业的我们，能走到什么程度并不太重要，因为“修行”这两字本身就够了。

4. 秦龙（遇合公寓）：

我觉得创业者是很勇敢、很有爱的一类人，大多数人都曾听到过自己内心的召唤，勇敢地踏上了这条特殊的修行之路，这一路上你要经历的挫折与失败、荣耀与财富远远超过其他平常的路。只有基于热爱，并且找到正确的商业模式，才是那些有心的创业者们最好的修行之路。

5. 季老湿：

发愿与烦扰之间的距离就是修行。

（资料来源：季老湿“租房创业公益课第 74 期《年关攻略》”演讲。）

情景问题四十六：公寓创业者如何在每天的作业中快速决策?

1. 熊磊（陕西铂客公寓管理有限公司）：

平时多学习，多交流，多积累，公寓行业挣的是慢钱，紧急情况下，以现金流为主，不要一味追求利润，眼光要放远。

2. 芦逸（菜鸟青年公寓）：

不停地关注大的政策和行业走向，才能让一个企业在每一次决策中不走弯路。

3. 刘小全（函数公寓）：

确保得到足够的信息，有一支给力的管理团队。

4. 莫军（广州墨菲公寓管理有限公司）：

就事论事，有事干事。公寓创业，琐碎事非常多，有可能你在带客人看房时，微信上就有新租客在咨询，还有租客在吐槽水龙头漏水了要你来维修。这种琐碎事不需要花时间先思考再做决策，需要的是快速解决，有事干事。

有人问就立刻回复，有人报修就立刻叫师傅去修，不要拖着，不然一下子就忘了，影响租客体验。

5. 罗曾渝（可加公寓）：

建立各项工作的标准化流程和应急机制。

6. 季老湿：

犹豫是一种习惯，犹豫的人会永远犹豫，凡事都犹豫。当“快”成为一种生活习惯的时候，你什么事情都可以快起来，而普通人之所以是普通人，是因为他永远在需要快的时候犹豫纠结，这个就是普通人和高手之间的区别。

（资料来源：季老湿“租房创业公益课第 74 期《年关攻略》”演讲。）

情景问题四十七：长租公寓创业的行业本质是什么?

1. 余咏心（武汉海豚湾公寓）：

通过解决住宿的需求来打造生活圈。根本上解决的问题就是“住”。

2. 兰金龙（太原易租房产经纪有限公司）：

市场需求—市场饱和—淘汰一批二房东—市场需求。

3. 喻发明：

零售思维，用低价拿房源，包装之后高价卖出去。

4. 季老湿：

如果只讨论分布式公寓创业，长短租都有一个共同的本质——“碎片化、分布式、长链条、低利基”。

（资料来源：季老湿“租房创业公益课第 85 期《长租公寓入门》”演讲。）

情景问题四十八：如何在不同的城市找到长租公寓创业的规律抓手?

1. 邱新亮（西安景润房地产代理有限公司）：

万变不离其宗，规律只有一条，不管在什么样的城市，首先要考虑的是你的人流量、客流量，你的目标客户在哪里，做好市场分析，你就成功了一半。

2. 芦逸（菜鸟青年公寓）：

我们习惯对一个商圈做全方位的租赁情况分析，比如商铺、合租、民房出租、酒店式公寓、别墅等，综合以上调研分析，我们再来对该区域做一个详细的定位。

3. 李磊［微舍（上海）公寓管理有限公司］：

虽然我们没有在其他的城市建立据点，但是经常跟其他的同行沟通，我感觉有以下三个因素：①城市的外来人口数量；②人口结构一定是以年轻人为主；③新产业发展迅猛。

4. 季老湿：

所有的城市背后都有一个规律，就是城市化发展的进程。你不能逆着这个规律走，你要顺着来。你轻轻松松往那里一躺，赚一点小钱都不是事儿，关键是你能否了解这个规律是什么。

（资料来源：季老湿"租房创业公益课第 85 期《长租公寓入门》"演讲。）

情景问题四十九：如何平衡长租公寓创业时针对产品研发的投入？

1. 陈苛苛（苏州一禾木生活服务有限公司）：

公寓最大的支出就是装修成本，在确保效果的情况下，这一块可以最大限度地节省。这个要和合同年限、出租群体、价格定位相关联。

2. 兰金龙（太原易租房产经纪有限公司）：

前期投入大是没办法的，但是我们也要分清主次，把一些次要开销延后，或者和一些建材公司合作等，这就要看当事人有什么资源了。

3. 邱新亮（西安景润房地产代理有限公司）：

产品研发的前期投入多少要根据企业的自身实际情况考量。不能纸上谈兵，空谈没有用，一定要落地实施，在实施的过程中要不断修正，不断地完善自己的产品。

4. 李磊［微舍（上海）公寓管理有限公司］：

起步之初最重要的是资金问题，投入和产出完全不成正比。但是，在产品研发上的投入是必不可少的，在我们公司的发展过程中，产品研发一直处于最高的等级，这是因为我们产品的溢价能力很大一部分取决于产品，做公寓是环环相扣的闭环，每个环节都非常重要，所以我们加强每一个环节的管控，建立产品的标准化流程，基于此我们在产品开发之初就实施了 SIS（房产中介管理系统）标准化系统。

5. 季老湿：

花了多少钱不是重点，关键是花了钱，能不能找得到嗨点；如果找到了，你别担心，面包会有的，牛奶也会有的，想要的后面都会有的。

（资料来源：季老湿“租房创业公益课第 85 期《长租公寓入门》”演讲。）

情景问题五十：如何找到长租公寓创业的商业模式？

1. 王宇（未来域资管集团）：

现在长租公寓的创业窗口期已经过了，逻辑上讲我们不建议没有经验或者没有资源的同行在这个阶段再选择进入。因为这给大家带来的风险会非常大，而且现在基本上行业格局已定，再贸然地进场，除非你有非常厉害的技术，或者说是非常独到的资源，否则就是跟钱过不去，跟自己过不去。

2. 磐谷分期：

磐谷分期意识到金融产品的研发需要切合目前市场现状，要牢牢守住公寓租赁的现实场景，守住这个场景中的命门——培育公寓运营商的经营能力，而不仅仅是看 C 端（消费者）租客的还款能力。公寓运营商作为经营公寓租赁的主体，其本身的规模、拿房能力、财务管理能力和运营效率决定了公寓租赁的品质，也决定了租赁市场的发展方向。进而以品质公寓选择有稳定收入、个人征信良好、注重生活品质的租客，形成良性循环，最进促进公寓租赁行业的良性发展。

在这个发展过程中，国家逐步规范租赁市场，各地纷纷出台相关房屋租赁新政，房屋开发商也携带资源优势、资金优势进入集中式品牌公寓领域，打破了原有市场的游戏规则；主要以分布式租赁公寓为主的传统的中小公寓运营商的分割租赁模式之路越来越难走，必须打破原有经营观念与经营模式，加大投入，提升公寓品质。要么转型，要么被淘汰。

磐谷分期在经过不断市场研究试水之后，选择与经营规模在 50 间以上，经营时间在两年以上，有一定发展意愿的，主要以经营分布式长租公寓为主的中小公寓运营商合作，提供全配套的金融服务。在拿房端，提供年付或者半年付资金，提高拿房的竞争力，帮助公寓运营商降低拿房成本，扩大租差比；在装修投入阶段，考虑到这是公寓运营商投入最大的部分，因此配套部分装修资金以降低其现金流压力。在租客端，配套租金分期增加租客黏性。合理运用金融杠杆，一定的资产负债率（比较合理的负债率为 40% ~60%），让传统的公寓运营商（机构和个人）从个体经营走向公司经营之路，考虑升级转型。从各种衍生需求挖掘效益，降低边际成本，从稳定的租差比中获取利润，升级盈利模式，达到规范经营。

3. 高伟（直租之家）：

我觉得应该先做出自己的品牌，让别人知道你、了解你、相信你，然后做进一步融资扩张发展。

4. ib：

租赁市场格局发生变化，要想存活下来，必须发生改变，首先是产品定位、服务、运营、管理等，细化内容。

5. 罗意（北京乐乎公寓物业管理有限公司）：

其实从进入长租公寓行业一开始，我和乐乎就一直在探索合适的商业模式，从最开始的自持，到托管，到平台，再到现在的中间人定位。现在，乐乎能为资产端提供选址、设计、工程、运营、金融等方面的服务，并帮助资产端打理和运营资产，获得房屋的租赁权，再去找到 C 端，把资产和租客对接起来，成为中间的服务商。

6. 季老湿：

有一种智慧叫作“不知道”，绝大部分的创业者都是必须“知道”了才敢往前走，真正有智慧的人在“不知道”时也可以往前走，只要能够找到产品嗨点，可以“不知道”。

（资料来源：季老湿“租房创业公益课第 85 期《长租公寓入门》”演讲。）

情景问题五十一：如何打造长租公寓创业的品牌？

1. 梁竞丹：

我认为长租公寓的品牌打造需要有一个明确的定位，市面上的长租公寓良莠不齐，但是品质高低差距很大。我们需要想清楚要打造的产品定位，与之对应的客户匹配，尽管后面会有调整，但一定是在一定层次上进行的微调。这样我们后续所有的产品、配套设施、服务才会有标准，才会形成特色，才有可能树立品牌。

2. 吴子福（兰州久拾公寓管理有限公司）：

如果选择长租公寓这条路创业的话，我觉得首先要生存下来。在营业额达到一定量级的情况下，坚持做好，品牌就会慢慢被打造出来。

3. 喻发明：

注重口碑 + 服务体系化 + 形象标识。

4. 陈珂（可岸服务式青年公寓）：

服务标准化。

5. 曾添（麦家公寓）：

对于创业阶段的长租公寓而言，品牌的树立甚至关乎企业的生死。一个响亮的品牌可以更快被大众铭记，从感性上便已占据了优势。对麦家公寓而言，首先，麦家谐音“My +”，即“我的家”，这与麦家 Slogan（口号）“开启美好租房生活”的“生活”相呼应，让大众一瞬间对麦家公寓有了“家”“生活”这一直观理念；其次，公寓理念与租客群体的契合，麦家倡导“智能、科技、健康”三大生活理念，可以说与年轻、时尚、懂生活、会生活的意向租客群体完美契合；最后，“品”“行”一致，“品”指的是“品牌理念”，“行”指的是“行动作为”，不论企业如何宣传，最终都要通过一系列行动落实到顾客的感知上，只有让租客切实感受到公寓品牌的理念，才是真正成功树立了品牌。

6. 季老湿：

光你自己在说的叫 Logo（商标），别人传诵的才是品牌。

（资料来源：季老湿“租房创业公益课第 69 期《收房十诫 5：溢价究竟从哪里来?》”演讲。）

情景问题五十二：如何找到长租公寓创业的阶段性商业模式？

1. 潘昱翔（上海享寓商务咨询有限公司）：

创业阶段的公司，主要依靠装修、吃差价，规模起来后才靠服务。前期没有量，不要想太多的商业模式，那不现实。

2. 王宇（未来域资管集团）：

逻辑上讲，你每个阶段面对的创业模式都是不一样的，早期是资源优先，中期是资本优先，再往后面走是创新的业务模型优先，每个阶段都不一样。

3. ib：

长租公寓创业企业应考虑投入和产出、资金回报周期、如何存活及如何快速扩张。除此之外还要考虑产品的升级迭代，信息化、智能化的管理。

4. 马培元（寓公网）：

公寓行业看似美好，其实坑非常多，季老湿也深有体会。寓公网刚开始创业的时候，一度采用传统模式，差点夭折，后来在“办法总比困难多”的观念下，咬牙推翻过去，重塑商业模式，在发展过程中从模式1.0“智能供应链”升级到模式2.0“整装供应链”，目前正在试点模式3.0“房源供应链”。

而公寓运营商也是如此，经历了前期起步阶段后，也会面临房源数量多、人房比降低、空置率高、利润低这几个问题。这时就需要软硬件一体的智能公寓解决方案来解决公寓管理自动化、交易自动化的痛点，以期实现人均效率提升2倍、利润提升1倍的目标（即“寓公网模式1.0”）。当企业在全国范围布局市场后，就会遇到各项供应链管理失控的情况，这个阶段，企业就需要整体装修、金融服务等的组合解决方案，快速推动房源上市（即“寓公网模式2.0”）。企业应根据自己的痛点、需求，梳理好自身每个阶段的模式。

5. 季老湿：

第一需要流量，第二需要公信力，这样你才有转化率。等你做到的时候你就知道了。

（资料来源：季老湿“租房创业公益课第74期《年关攻略》”演讲。）

情景问题五十三：如何评价你们在长租公寓创业的价值观？

1. 王宇（未来域资管集团）：

我们的价值观就是为青年人留在这个城市创造一种可能，用我们对理想和创业的激情来让租房成为一种年轻人的生活方式。

2. 高伟（直租之家）：

直租之家主要是为租户提供优质房屋，给租户一个说住就住的理由，致力于打造全国连锁性品牌公寓。我们始终坚持与房屋战斗到底，捍卫一场年轻人的租住革命。

3. 罗意（北京乐乎公寓物业管理有限公司）：

创业其实是一件很痛苦的事情，没有想象中那么高大上。如果抱着特别强的投机心态，可能在这个过程当中会很不幸福，不要把创业这件事情神圣化，要十年如一日地去做它，我创业到现在已经差不多十年了，那我再做十年、二十年、三十年……士别三日当刮目相看，我觉得这个要求太高，那“士别三十年”，我觉得应该是可以刮目相看的。创业需要的是较劲儿的精神，我觉得这才是创业中最值得分享的价值观。

4. 季老湿：

我们认为房子是有生命的，我们要赋予它生命，让它自己去展现最适合自己的风格，自由绽放，像一朵花一样漂亮。

（资料来源：季老湿“租房创业公益课第 81 期《收房十诫 6：收房的实相》”演讲。）

情景问题五十四：如何避免长租公寓创业的失败？

1. 李金涛（青岛青途驿站公寓有限公司）：

定期评估市场，及时核算成本，掌控回本周期，精准财务报账，学习同行精髓，纠正自身问题，稳步有效发展。

2. 刘小全（函数公寓）：

管理好现金流，管好成本，产品和服务要有价值。

3. 罗曾渝（可加公寓）：

如果把好位置、有品质的房子比作好孩子，就是只选好孩子，不要盲目扩张。

4. 陈珂（可岸服务式青年公寓）：

看房一百套，自然能感悟。

5. 季老湿：

希望我们永远都不要骄傲，因为你要知道，可能下一秒钟你就会“死”。我们曾经在死亡边缘徘徊很多次，所以我不敢骄傲，如果你现在感到骄傲，那么也许离死亡就不远了 。

（资料来源：季老湿在“租房创业公益课第 85 期《长租公寓入门》”演讲。）

情景问题五十五： 如何评价你们在长租公寓创业的工作时间分配?

1. 徐光（芜湖爱尚逸家轻时尚公寓）：

个人认为，做公寓第一要认真，第二要合理统筹。虽然公寓创业者琐事多，但依然可以培养得力的管家去分担这些事情；采购方面我们一般选择固定的供应商，线上购买时也一般根据后面一段时间的收房量一次购买所需要的产品。

2. kashing：

我一直很想分配好时间，但是相信大家对这个行业的时间很难规划都很有同感。我们房东、租客两头都要照顾到，而这两边的时间分配是没有标准的。

3. 向绍泉（重庆荣者房地产经纪有限公司）：

我的时间分配得很满，每天都奋斗在一线。

4. 季老湿：

高手和普通人最大的区别是他整天跟需要他的人在一起，而普通人正好相反，俗称“勉强”。

（资料来源：季老湿“租房创业公益课第 85 期《长租公寓入门》”演讲。）

情景问题五十六：你如何在长租公寓创业时修复心境破碎的创伤？

1. 邱新亮（西安景润房地产代理有限公司）：

如果你的内心足够坚强，何来创伤？心里有创伤，说明自己还不够坚强。学着让自己坚强起来，拿起纸和笔，写上十条让自己坚持下去的理由。

2. 李磊［微舍（上海）公寓管理有限公司］：

既然已经确定这辈子就待在这个行业了，心境破碎的概率还是很小的，而且我们认为，最艰苦和艰难的阶段已经过去，企业正在平稳的发展和扩张过程当中，如果非要问怎么修复破碎的心境的话，只能说继续坚持、坚持再坚持，提高、提高再提高。

3. 季老湿：

我只管努力，成败只能随缘。都说创业失败是必然的，成功是偶然的，倒下去还可以站起来，坚信这一次“我可以、我能”。

（资料来源：季老湿“租房创业公益课第68期《收房十诫4：收房的绝对禁忌》”演讲。）

情景问题五十七：在长租公寓领域创业，是自己碰壁自己试还是应找高手指导？

1. 余咏心（武汉海豚湾公寓）：

两个都要试。如果找高手指导，没有自己去试，也不行。这两个是相辅相成的，离开哪个都不行。

2. 兰金龙（太原易租房产经纪有限公司）：

前期高手指点，到后期必须学会创新，不能按老套路走下去。

3. 马培元（寓公网）：

长租公寓是一个链条非常长的产业，每一步都是脏活累活。这一点早在创业之初，寓公网就意识到了。在2016年初，中国网专访的时候，我们就说了：“寓公”象征着愚公，愿意去做正确而难的事情，一往无前，“寓公网”叫了这个名字，从一开始就注定了寓公人要像“愚公”那样，坚定一个信念，不忘初心、坚持不懈、“死磕到底”。

但是这并不代表我们会像玻璃瓶中的苍蝇一样乱撞。相反，在发展过程中，寓公网自己尝试、碰壁，是为了知道自己的长板和短板，然后抱着“全世界都是我的研发部”的开放心态，整合中国饭店协会、公寓运营商、智能家居生态圈、金融资本圈等资源，引进一流资源，共同寻找最好最贴切的长租公寓发展模式，而不是“有多大锅，烙多大饼”的自我封闭。所以我们规模快速扩大，服务超过十万余间房，产品、模式也在不断迭代升级。

4. 季老湿：

愿意自己试的，大多是因为他们认为自己的时间不值钱，简称“自己不值钱”。

（资料来源：季老湿“租房创业公益课第69期《收房十诫5：溢价究竟从哪里来》”演讲。）

情景问题五十八：长租公寓领域创业的闲暇时间做什么？

1. 门仕堃（像素公寓）：

似乎进了这个行业就没有太多的闲暇时间，只要你还想再多做一点，就一定有事可做。如果说有时间时想做什么？建议还是多学习、多交流吧。行业还在初创期，整体模式还并不成熟，未来的发展和转变空间还很大，未来一定会有更优质的人才或者精英进入行业，未来5年是行业大清洗的时间，多学习，提高自身的产品能力、运营能力、管理能力、融资能力，没有坏处。

2. 李艳红（郑州木虫公寓）：

闲暇的时间，除了学习还是学习，无论是向高手学习，还是自己看书。我认为，无论是公司文化的积淀、自己内心的成长，或思维能力的成长，都离不开学习。一个企业，一个团队或者是自己，最终要想往上走，学习都是不二的法宝。

3. 莫军（广州墨菲公寓管理有限公司）：

我们是2016年6月开始做墨菲公寓的，从2016年10月开始到2017年1月都是比较闲的时段，我们在12月发起了第一次众筹，筹了30万元，后来又到处逛家具厂找供应链。我觉得每年的3—9月是长租公寓行业的热闹期，应该抓紧做业务，拿房—装修—出房。到了10月就基本可以减缓脚步着重做优化，优化供应链，优化内部管理制度，优化房源装修质量，提升出租率，需要融资的团队也可以在这个时段跑融资。

4. 季老湿：

你不干活儿的时间就应该玩，就应该虚度，虚度也是一种生命的过法，最糟糕的是明明可以虚度的时间都拿来消耗，这就是为什么大部分人碌碌无为。

（资料来源：季老湿“租房创业公益课第69期《收房十诫5：溢价究竟从哪里来》”演讲。）

情景问题五十九：在长租公寓领域创业，你的起心动念是什么？

1. 王宇（未来域资管集团）：

每个企业的起心动念都不一样，一般来说都是为了赚钱，一开始的时候并没有那么多的理想，一开始就是找到一种模式来让自己的企业盈利。而我们启动的时候几乎没人在做租赁市场或者长租公寓，所以我们是第一批做成公寓的。当时公司基于对存量市场的评估和从业经验的能力的一个预判，觉得这个存量资产的租赁市场长租公寓是刚需。所以从这个领域上来讲的话，我们是能够相对把握的。这个行业跟青年有关，我们又喜欢做青年人的生意。所以就选了一个跟自己相关联，又跟青年有关的行业。这个就是起心动念。

2. 磐谷分期：

租赁金融的诞生，追本溯源是因为房价上涨过快，购房压力大，同时现代社会年轻群体追求生活品质的意愿并未降低。瞄准长租公寓这一片“蓝海”，很多人都想分得一杯羹。租房金融平台在经过市场摸索后，认识到目前的痛点已经逐步转向交易当中资金的缺失，一方面公寓运营商在规模扩展和“拿楼”过程中，对资金有很大需求，按年收租可以加快资金回流，提高运营效率；另一方面长租公寓主要面向年轻人群，为了减轻一次性付款的资金压力，年轻人更希望按月付款。双方诉求不匹配，产生了资金缺口。由此，为租客和公寓运营商提供金融服务就变得尤为重要。

针对这些公寓运营商（机构和个人）的金融需求，专注于租赁金融领域，致力于打造租赁性公寓全产业综合性金融服务品牌的磐谷分期诞生了。公司整合市场客户的体量，解决资金问题，梳理交易数据，进而为客户提供金融的整体解决方案。公司直接授信给公寓运营商，进一步推动国内公寓行业走向规模化和规范化进程，助力中小公寓运营商更新升级。

3. 高伟（直租之家）：

长租公寓服务于年轻人，为年轻人提供舒适、安全、时尚的居住环境，并打破传统租房模式。直租之家，直租无中介，捍卫一场年轻人的租住革命。

4. ib：

给在外漂泊的游子一个家，一个有依靠的港湾，为租客服务的同时，赚取相应的回报。

5. 凌骏（魔方金服）：

魔方金服的创立基于两个现实的考量：第一，房地产投资处于白银时代；第二，住房刚需迎来了消费者升级。

中国房地产整体由增量向存量转变。中国房屋空置率高达25%，很多房屋未被充分利用，开始向房屋租赁转型，存量房更新改造成为必然的发展方向。房价的居高不下同样催生了白领对高质量品牌公寓的旺盛需求。

反观朝气蓬勃的公寓市场，前期投入太大、产业链条长、租金变现时间长，促使公寓运营商必须借助资本帮助自身企业实现快速扩张及后期运营。而目前市场上的融资渠道单一、资金成本高而效率低。

与其面对这样的窘境，不如把房子盘活、运营好有限的空间。比如现在城市里面有些老旧物业、新建的闲置物业，运营商们把这样的存量物业拿过来重新装修改造，提升运营品质，给人们提供更多更好的居住空间。

让空间实现其使用价值，听上去颇具情怀，也符合众人对创业者感情共鸣的期许。当然，情怀可以让你走得更加坚定，但是创业不是情怀，是你去开创能够创造长期的、可持续的价值的事业。

6. 马培元（寓公网）：

在一次公寓圈的会议上，我看到公寓行业创业者们各个两眼放光、激情昂扬，我判断这个行业大有可为，于是深入研究。当时，中国房屋租赁的交易额大致在8000亿元左右，根据国家人口计生委发布的《中国流动人口发展报告》，约有1.76亿的流动人口租房居住，其中有近8800万人为租房青年。数据背后远超万亿的市场支撑是地产去库存 、资产证券化和消费升级。

我和寓公网的管理层人员，都是从海尔集团各个主要事业部的大客户总监、产品总监、营销总监、售后总监等岗位离开的。恰逢海尔集团的创客小微平台机制鼓励员工创业，借助这股力量，我们自我归零，整合各个优势资源，创办了寓公网。这个行业想要快速发展，一定离不开成熟的供应链。所以我们就以“让公寓运营成为轻资产”为目标，提出了智能公寓一站式供应链服务平台的定位，事实证明，这个方向是正确的。

7. 季老湿：

你要从别人那里拿东西的时候，可能会觉得不好意思。当你给别人东西，而且确信给的东西会让别人感激你时，你就不会不好意思，而会理直气壮。这就是我做产品的初心。

（资料来源：季老湿“租房创业公益课第68期《收房十诫4：收房的绝对禁忌》”演讲。）

情景问题六十：长租公寓领域创业，如何少走弯路，快速成功？

1. 熊磊（陕西铂客公寓管理有限公司）：

还是要多交流，多学习，多探讨，多实践，打造适用于自己的标准化的产品以及运营模式。

2. 芦逸（菜鸟青年公寓）：

时刻关注政策走向，选择好自己的竞争对手，选择好自己的定位。

3. 罗意（北京乐乎公寓物业管理有限公司）：

想在长租公寓里快速成长，学习是很重要的。这个行业里的创业者以年轻人居多，所以这个行业里有一种很好的风气，就是乐于分享、乐于学习。

对于企业定位、运营模式、发展方向，现在已经有了一些值得学习的企业。在任何行业里，多学习、多借鉴永远是少走弯路的良方。

4. 罗曾渝（可加公寓）：

大玩家高举高打是一种玩法，小而美的企业就一定要多选择“好孩子”，保证每一间房都是赚钱的。

5. 陈珂（可岸服务式青年公寓）：

拿到好的物业。

6. 马培元（寓公网）：

开放心态是关键。心态决定行为，有一个开放的心态，在创业中保证创始人不刚愎自用、整合优势资源为己用、吸取多方经验教训。公寓行业“坑”很多，不走弯路是不现实的，因为每个企业都有自己的基因，只有适合自己的资源和经验才是最好的。

寓公网虽然集合了十多年装修、家电、智能家居、供应链金融等供应链的经验和资源优势，但在如何把资源与长租公寓做最好的衔接运用、如何把资源整合成一套有聚合力影响力的供应链等方面，也是经历了前无古人的探索，最后摸索出了独有的商业模式，并不断根据市场变化迭代升级。这些公寓供应链上的“坑”，寓公网走了，就能让更多选择寓公网的公寓少走弯路。

7. 杨丙顺（苏州美弛投资有限公司）：

我是2010年10月15日来到昆山的，到昆山第三天就开始找房，第一周就开始租房，从小区的商品房到后续一栋栋地做集中式租房，顶峰的时候我在昆山管理过1800多套房子，通过管理这些房子，我很快地完成了原始资本的积累。

但是，由于自己没有财商，导致后续项目从几十套的房子到一栋几百套的房子丢失，一次次残酷的现实告诉我，投资不仅仅需要对趋势和现实的把握，还需要对金钱的理解，不断地吸收新的知识才能让人实现财富自由。

这让我开始思考，租房到底该如何实现财富自由，我到底需要赚多少钱才能不再追求财富的增长呢？在我失去项目的时候，我一直都在苦恼，直到我遇到了人生中的贵人，我财商的启蒙老师，国内最有实力的财商教育专家周淑芬，我才发现，假如我早早了解财商，在项目鼎盛的时期做一些有效的财富管理，那么，今天的我只需要投资一些低风险的项目就有永远花不完的钱了，但是我却因为自己不懂而错失了这么多机会，我明白这个道理，但我相信在今天的租房界，还有更多的人也不懂财商，还在纠结的路上。

就是因为这样，我停止了自己在租房领域的持续探索，我想要让自己提高财商，提升自己，最后让更多本行业的朋友也可以迎来人生的财富自由，这就是我为什么选择转型。

在我了解财商之前，我一直认为赚钱才是人生的重点，从来都不知道，赚钱到一个阶段后就可以不再考虑赚钱了。原来，财富自由也是有定义的，这就是我们人生的小目标，当我们不工作的时候，收入比支出多 2 倍时，基本上我们的人生也就实现了财富的自由。

8. 季老湿：

课上听过的所有教训，你一定会再犯，除非这教训给你留下终生难忘的痛苦回忆。这就是我们出生的时候，上天给我们涂上的底色。持续学习，就会在不知不觉中慢慢改变。

（资料来源：季老湿“租房创业公益课第 68 期《收房十诫 4：收房的绝对禁忌》”演讲。）

情景问题六十一：在长租公寓领域创业时，你如何评价商业和公益的平衡？

1. 周越巍（上海乐活家服务式公寓）：

两者很难平衡，企业要尽量多做好事。

2. 兰金龙（太原易租房产经纪有限公司）：

所谓的平衡，就是公益营销，以营销为目的，以公益为后缀，在保证利益的情况下，多服务社会。

3. 莫军（广州墨菲公寓管理有限公司）：

公益这个层次的东西我们目前还不理解，还停留在商业阶段。踏实做事情，赚合法的钱，租客也愿意，这很好啊。但如果非要说公益，我认为给租客带来最好的产品、良心的产品，就是最大的公益。

4. 马培元（寓公网）：

《道德经》中有句话："非以其无私邪？故能成其私。"没有完全割裂的两部分，商业和公益在某种程度上会相辅相成。寓公网在创业之初投入许多到行业公益上，后来证明这对商业是有正面影响力的。

公寓行业发展前期，整个行业缺少政策支持、服务支持、流程体系、标准机制等。创业者各自摸索，仅仅依赖与自己认识的少数同行相互取经，互相支持发展。中国饭店协会有意成立公寓委员会，为行业谋福祉。寓公网在最初积极响应，其后支持其开展青岛、上海、北京、长沙、西安、杭州、南京、重庆、广州等地的公寓委员会筹备会议暨公寓企业家峰会，2016 年 4 月 20 日，"寓公网首届中国长短租公寓企业家高峰论坛暨中国饭店协会公寓委员会成立大会"为筹备会划上了圆满句号。

原本松散无序，如游兵散将的国内公寓企业，逐渐集中到了一起，形成了"抱团取暖"的行业圈子。在这个过程中，寓公网也得到了广大同行的认可。

5. 季老湿：

我只要确信这件事情对你有帮助，我就干；而不是说我确信对我有好的回报，我才去干。这是两种完全不同的心境。

（资料来源：季老湿"租房创业公益课第 68 期《收房十诫 4：收房的绝对禁忌》"演讲。）

情景问题六十二：长租公寓领域创业的未来会是什么样？

1. 李金涛（青岛青途驿站公寓有限公司）：

长租公寓的局限性较大，回报率慢，主要是适应性房源稀缺，未来企业应转型向集团性质发展，发展变型综合体办公平台和短租、日租方向，这样做的优势在于企业可以拥有品牌，同时降低管理成本。

2. 刘小全（函数公寓）：

要看多远的未来，10 年内，百花齐放；10 年后，集中整合。

3. 罗曾渝（可加公寓）：

大玩家和小而美共存。

4. 冯玉光（水滴管家）：

举个例子，大家可能就会体会得更清晰。

S是“90后”，2014年刚毕业的时候他的父亲让他跟着自己做二房东的生意，S觉得二房东的工作又苦又累，又没什么社会地位，就坚决地拒绝了。

S顺利地找到了不错的工作，头脑灵活又有拼劲，深得老板喜欢，老板派S去外地开拓新市场。公司给S租了一间公寓，公寓装修时尚简约，有品牌家电、智能门锁，S一下子就喜欢上了这间公寓。

接待S的公寓管家说：“S先生，您可以关注我们公寓的微信公众号，后续交房租、电费充值都可通过我们的微信公众号操作，具体账单明细也可以在此查看。”S当时很诧异，问这个管家：“现在租房都这么互联网化了？”管家说：“现在公寓租房基本都这样了，年轻人租房都喜欢这些装修好看的，能用手机交房租、交电费甚至开门，他们最喜欢不过了。”S也了解到公寓管家们都在用公寓管理系统来管理合同、租客、租金、运营报告等，通过这样的系统，大大地提高了工作效率。

后来S查了好多资料，知道自己住的公寓业内叫长租公寓，现在许多传统的二房东都转型做这样的公寓出租，给自己手里的房子重新设计装修，有自己的公寓名称，甚至也用上了公寓管理系统、智能电表等。

S想起自己父亲的房子，装修很一般，租金不高还不好出租，记账还在用Excel，每个月还要上门催租、抄电表。有的租客拖欠房租、电费，父亲也没有什么好的方法解决。现在S对二房东有了想法，打算自己辞职回家做个职业房东，把父亲的房子接手过来改造，做好做大。目前他最迫切的就是说服父亲抛弃传统的出租房管理方式，赶上时代的潮流，用上管理系统。

从以上的案例中我们可以发现，未来的长租公寓一定是专业化、标准化、系统科技化的。只有这样，租客才会埋单。这也是水滴管家重金开发专业公寓管理系统的原因之一。这一定是长租公寓未来的风口。

5. Chris（寓小二）：

长租公寓运营管理信息化是趋势，也是未来。庞大的人员流动显示出巨大的租房蓝海，2013 年全国租房市场规模约为 2.5 万亿元，资本、开发商、酒店纷至沓来，加速了行业的发展进程，行业各方的信息化需求也逐渐凸显。

公寓运营商和公寓系统间经历了从“不敢上”“尝试上”到“抢着上”的心路历程。市面上的公寓系统，有偏中介类的，有偏日租类的，也有功能较简单的公寓管理系统。如何选择一款匹配自身业务的系统，成为运营商们头痛的问题。

寓小二（隶属于上海和住信息科技有限公司）是一家专注于智能公寓系列产品研发、生态体系建设的互联网企业。秉承为解决长租公寓管理难题而生的理念，寓小二开创性地提供从收租记账、待办提醒、租客及房源管理、收支预测及预定支付等一系列为职业房东量身定制的解决方案。同时，寓小二实现跨终端管理体系，让出租管理成为一种体验。

今天的寓小二，系统已全面覆盖全国核心城市的知名品牌公寓客户，系统从 1.0 版本已迭代至 4.0 版本，并开发出三条产品线完整支持不同规模公寓客户的需求。在长租公寓领域的未来，寓小二将携更好的解决方案，帮助更多客户实现运营管理信息化，毕竟这是趋势，也是未来。

6. 曾添（麦家公寓）：

近年来，长租公寓市场的发展有目共睹，不论是市场体量还是未来的发展空间，都不可限量。更重要的是，从 2016 年“购租并举”“房子是用来住的、不是用来炒的”的提出，到 2017 年“租购同权”在广州的落地实现，从《关于加快培育和发展住房租赁市场的若干意见》，到《住房租赁和销售管理条例（征求意见稿）》，再到《关于在人口净流入的大中城市加快发展住房租赁市场的通知》提出的 12 个住房租赁试点城市，可以说长租公寓领域已经站在市场和政策的双风口。但是就像麦家公寓一样，作为创业企业，行业的发展、政策支持是一部分，还需要企业具有创新的能力。所以，与其问未来会怎么样，不如和麦家公寓一起做好现在。

7. 马培元（寓公网）：

近年来，国家和地方紧锣密鼓地出台了20多个住房租赁相关政策方案，并督促政策落地。各大地产对长租公寓的重视程度也非常高。整个长租公寓市场格局面临着新一轮洗牌。寓公网和许多公寓运营商都嗅到了机会和危机。机会就是这个市场会越来越好，越来越受重视，市场需求会更大；危机是新一轮洗牌肯定带来更多的要求、规范、标准、监管，如果自身运营各环节的内功没修炼好，就难以在新形势下立足。

我们参考酒店这个成熟行业就会发现，其各类标准规范一应俱全，运营商只做专业的运营，装修、家电、智能化、软装、推广等都有专业供应链机构提供服务。那些全部亲力亲为的往往是私人小旅馆。长租公寓的未来也应该是这样，专业人做专业事，形成聚合力，发挥“1+1>2”的作用。寓公网创立的时候就是把眼光放到了这里，提供智能公寓一站式供应链服务平台，让公寓运营成为轻资产。近期的市场爆发、公寓运营商创始人理念都证明，未来是这样的。

8. 季老湿：

第一，你有钱，有很多人有钱，而且这些钱通过某种秩序可以组织起来。

第二，社会上有很多被低估的资产。

第三，你有改善这些资产的能力，即溢价能力。将这三股力量结合在一起，去获取这些资产，改善这些资产的价值，从而提升它们的价格，获得利润，实现商业化。这条路是必然的。这条路将在你们心里成为一颗种子，我们不要着急，它会开花、会结果的，当机会来临的时候，我们看大家是不是还在，如果这点对大家有帮助，就是我存在的价值。

（资料来源：季老湿“租房创业公益课《收房十诫2：你的租客究竟要什么》”演讲。）

情景问题六十三：长租公寓领域创业赚钱的死穴是什么？

1. 潘昱翔（上海享寓商务咨询有限公司）：

最关键的影响因素有两个，第一个是空置率，第二个是安全。

2. 王宇（未来域资管集团）：

答案就是他不专业，不专业的人做这个行业，后果是很凄惨的。因为这个行业是比较重的一个行业，是专业性比较强的一个行业，如果你不专业的话，很多商业模式和运营模型将不成立，只能血本无归。

3. ib：

靠赚取差价存活的公司一定会被淘汰。产品不升级，服务跟不上，不创新是不行的。

4. 向绍泉（重庆荣者房地产经纪有限公司）：

同行太多，市场混乱。

5. 罗意（北京乐乎公寓物业管理有限公司）：

这个话题其实有点不太好说，每个领域挣钱都不是一件容易的事。就拿乐乎来说，乐乎做的是轻资产输出，拿下一个项目不采用租赁的方式，而是向 B 端（商户）的房产拥有者提供标准的物业管理运营服务，把本来不太好打理的房产资源进行装修、提升配置后，向 C 端租户提供高性价比的公寓产品，从中收取相应的运营费用和超额收益分成。把租客吸引到乐乎平台上后，对他们进行挖掘，再投资，这个想象空间、流量入口也是未来盈利的重点。

6. 季老湿：

你那颗“嘚瑟”的心改变不了，你的财务状况永远改变不了。

（资料来源：季老湿“租房创业公益课第 74 期《年关攻略》”演讲。）

情景问题六十四：在长租公寓领域创业如何快速成长，获得自己所要的成功？

1. 熊磊（陕西铂客公寓管理有限公司）：

多学习、多交流、多总结，敢创新、算大账，眼光放远。

2. 芦逸（菜鸟青年公寓）：

这是个细水长流的行业，想要成功就要忍，等到水到渠成的那一天。

3. 罗意（北京乐乎公寓物业管理有限公司）：

别的同行如何创业发展我不是很清楚，我可以说说乐乎快速成长的经验。

首先，北上广深青年人群的租住需求远远没有得到满足，供需矛盾比较突出。从长远看，青年人群的消费需求本身也在升级，已经从单纯的性价比更多地回归到了租住体验上，所以公寓行业有非常好的成长性。

其次，是乐乎的轻资产模式。乐乎将自己定位为中间人，既服务于 C 端也服务于 B 端，实际上乐乎名下不曾持有 1 间房屋，我们提供了从品牌、产品到运营、金融的全周期托管服务，还可以为部分财务投资者提供选址服务。

4. 罗曾渝（可加公寓）：

不同的打法需要的资源能力都有区别，因人而异。但是长租公寓的核心还是产品和运营能力。

5. 陈珂（可岸服务式青年公寓）：

一步一个脚印。

6. 季老湿：

我们一定要“从体验入，与实相（姑且认为是形成规律的力量）合”。

（资料来源：季老湿“租房创业公益课第 66 期《收房十诫 3：如何理解房东是一种什么的生物》”演讲。）

情景问题六十五：长租公寓领域创业，如何判断得失成败?

1. 王宇（未来域资管集团）：

不到最后一天，没有成败可言。创业的过程是比较艰辛的，每天企业都会面临生死存亡。所以不存在胜利或者失败，只要你还在游戏里，你就一直都有机会。如果你没有核心竞争力，迟早有一天会被淘汰。

2. 高伟（直租之家）：

这因人而异，有的人认为只要能在一个地方立足，收入达到一定程度就算成功了，有的人则希望能够闯出一片天地，让自己的品牌在全国打响。

3. 凌骏（魔方金服）：

一个企业的成功可以是很多层面的。塑造了成功的品牌、拥有优秀且黏度极高的客群可以算成功；迅速占领公寓市场、形成规模化的效应也是成功；拥有不可复制、用户体验极佳的租房产品也是成功。

从金融平台的角度，从企业长期发展的角度来说，我们最关注的，还是这个企业能不能有稳定的租金回报。

在存量资产融资贷款中，有产权标的项目比没有产权标的项目投资风险相对较低，这种看法，是武断和草率的。国内的贷款融资一般是以借贷方资产作为质押并由此进行相应的估值，但随着资产价格越来越高，这一模式显然会出问题。而国际上通用的逻辑其实是把还款能力作为第一还款来源，而资产则作为第二还款来源。如果有明确的还款能力、企业经营得非常健康，这样的企业有没有资产抵押并不是很重要。

因此，如何利用好金融手段，在拥有稳健发展的资金条件的同时，寻求企业突破，这是一个很重要的课题。

4. 罗意（北京乐乎公寓物业管理有限公司）：

长租公寓行业是个年轻的行业，从出现到现在也不过十余年的时间，爆发至今更是只有三四年的时间。所以，想要在长租公寓领域创业，现在是个合适的时机，因为行业还处于初创阶段，没有领先很多的企业，更没有独角兽，大家都是摸着石头过河。同时，进入这个领域创业的时候也要想清楚，这个行业不是高盈利的行业，可能3～5年才能收回成本，因此在长租公寓领域创业要耐得住寂寞，决心要够。对于如何判断得失成败，其实很简单，就是几年后企业是否还“活着”，“活着”就是成功。

5. 季老湿：

“合算就是不合算，不合算就是不合算。”眼睛看得见占到便宜，可能在哪儿就失去了一些东西。眼睛看得见吃了一点亏，也许在其他地方就得了一些便宜。

（资料来源：季老湿“租房创业公益课第66期《收房十诫3：如何理解房东是一种什么的生物》”演讲。）

情景问题六十六：长租公寓创业要怎么做才能最快速地赚大钱？

1. 梁竞丹：

长租公寓的盈利一直是难题，但其实它也是一个水到渠成的结果，前期有租户，后期看运营。公寓发展到最后一定有别于传统的房租居住属性，它一定是平台运营，那么相对而来的，每个租户未来都是平台的资源，都可以创收。

2. 吴子福（兰州久拾公寓管理有限公司）：

经验告诉我，这个行业没办法很快赚到大钱，只有细水长流，慢慢积累。

3. 喻发明：

每一套房子都赚钱，积累起来就能赚大钱。

4. 陈珂（可岸服务式青年公寓）：

核心是拿项目。

5. 季老湿：

人们总是渴望速成，但有些步骤是不能跳过的，正如我们的童年和青春。我们不可能越过这些岁月直接走向成熟，该掉的“坑”，该踩的雷一个都不会错过，无非早一点晚一点而已。

（资料来源：季老湿“租房创业公益课第 85 期《长租公寓入门》”演讲。）

情景问题六十七：如何解决长租公寓领域员工的绩效问题？

1. 熊磊（陕西铂客公寓管理有限公司）：

这要结合自己公司的战略方向，进行长期规划，确定盈利模式、利润率、标准化的收益，倒推确定绩效考核办法，个人建议使用“高有责任底薪加阶梯式提成”模式。

2. 芦逸（菜鸟青年公寓）：

我们的绩效与空置率和成交率挂钩。

3. 刘小全（函数公寓）：

这个行业的产业链太长，不同的员工有不同的办法。核心原则是公平、透明，奖罚分明、多劳多得。

4. 莫军（广州墨菲公寓管理有限公司）：

没有什么绩效考核制度，完全就是靠大家自觉。大家聚在一起干点事情，靠的是自我驱动，大家能玩得嗨。

5. 罗曾渝（可加公寓）：

将更多的利益给分享员工。

6. 季老湿：

所有的问题都是“工作量”的问题。更要命的问题是建立在“工作量”问题上的“分活儿”“分钱”问题。

（资料来源：季老湿“租房创业公益课第 85 期《长租公寓入门》”演讲。）

情景问题六十八：如何建立长租公寓行业从业人员的自信？

1. 门仕堃（像素公寓）：

行业从业人员的自信需要慢慢积累沉淀。如果这个行业在未来出现几家上市公司，大家就自信了。目前重要的是如何建立我们的自信，如何建立团队成员、公司同事的自信，这需要企业（创始人）有强大的意念，敢于坚持毫不动摇的企业使命愿景和价值观，让大家知道我们做这件事是有意义的，是造福他人的。

2. 赵飞（FUNX 自由青年社区）：

首先，要把控产品，产品好了，客户满意了，才有自信。其次，我们的心态要好，所谓自信，是指我们自己要先过自己的内心的关卡。

3. 莫军（广州墨菲公寓管理有限公司）：

我从来都是无条件自信的。要是找出建立自信的方法，那无非是做好产品，当你的公寓有越来越多的人来问、来看、来租，那你肯定会越来越自信。“成功向内求”，多花时间和心思去思考怎么设计房间、怎么定价、怎么做出好产品，信心就越来越足。否则，不管怎么打鸡血，怎么定目标，自己的房子没人来租，迟早会崩溃的。

4. 季老湿：

我希望在全国各地分享的经验，能够帮助这个行业的人找回自信，同时也为社会做贡献。为什么很多从业人员没有自信？其中最重要的原因是你的产品没有让你骄傲。这点有多重要，你知道吗？

（资料来源：季老湿“租房创业公益课第 85 期《长租公寓入门》”演讲。）

情景问题六十九：如何成为长租公寓领域的高手？

1. 刘小全（函数公寓）：

快速实践，快速总结，不断交流，跨界学习。

2. 罗曾渝（可加公寓）：

找准自己的定位，做深做透。

3. 陈珂（可岸服务式青年公寓）：

“无他，惟手熟尔。”

4. 季老湿：

没有经过训练的人明明心里知道许多，但就是讲不出来，为什么？因为他缺乏练习。你想做这一行，没有其他的捷径，就是要练。大家会越来越深刻地理解到，什么叫作“不是在看房就是在去看房的路上”。

（资料来源：季老湿“租房创业公益课第 85 期《长租公寓入门》”演讲。）

情景问题七十：如何建立长租公寓领域的竞争策略？

1. 梁竞丹：

长租公寓近年发展较快，品牌也越来越多，但是想在大浪淘沙的过程中沉淀下来，需要有长远的定位规划、品牌影响力以及持续的运营管理。

2. 吴子福（兰州久拾公寓管理有限公司）：

要根据该区域的市场容量、竞争对手的大小、租客的需求等具体情况来决定。

3. 喻发明：

区域差异化、产品差异化。

4. 季老湿：

有一个制高点叫作“自己的特长恰恰是对手的软肋”，只要你懂得这个道理，你在竞争当中就会胜出。你想想看，你有什么特长是对手的软肋，你想过这个问题吗？你有没有哪个特长，恰恰是对手的软肋？

（资料来源：季老湿“租房创业公益课第85期《长租公寓入门》”演讲。）

情景问题七十一：打造长租公寓领域爆款的秘诀是什么？

1. 徐光（芜湖爱尚逸家轻时尚公寓）：

说句实话，我认为公寓领域没有爆款，可能是因为我们规模不大。我们遵循的是更高的性价比、更舒适的房屋、更实用的装修，提供更用心的服务。

2. kashing：

时间、专注和聚焦。我们需要专注某一类客户关注的产品，用更多的时间，集中精力聚焦打磨。这是打造爆款的秘诀。

3. 向绍泉（重庆荣者房地产经纪有限公司）：

打造优质的爆款，秘诀就在于我们的服务。

4. 曾添（麦家公寓）：

“租客需求，租客体验”，长租公寓爆款的出现，宣传是一小部分，租客体验是一大部分。只有满足了租客需要，让租客满意了，他们才会自愿推荐给亲朋好友——有个网络用语叫“自来水”，只有做好了这八个字，才能真正出现爆款。例如麦家公寓正在主推的杭州未来科技城店，其中最具特色的就是宠物社区，它不仅允许租客养宠物，而且还为他们的宠物专门设立活动区域，主人享受公寓服务的同时，宠物也可以享受公寓服务。

5. 季老湿：

什么也买不了“喜欢”，千金难买心头爱，用户喜欢是硬道理。

（资料来源：季老湿“租房创业公益课第69期《收房十诫5：溢价究竟从哪里来》”演讲。）

情景问题七十二：如何完成长租公寓领域的草根逆袭?

1. 刘玉昌（果果青年公寓）:

把产品和服务做好，打造专业团队和自己的核心竞争力，先做到小而美，再寻求其他机遇，比如资本或项目上的合作。

2. 高伟（直租之家）:

关键还是要与时俱进，时刻关注市场趋势，同时，公司的发展战略理念也很重要。

3. 凌骏（魔方金服）:

如何从一个无技术门槛的二房东，变为规范化、规模化的存量资产运营商——这条变革之路，就是公寓的逆袭之路。

长租公寓领域这几年的发展可以说是风生水起。不管是中小二房东还是初具规模的品牌公寓，这个行业成功吸引了很多个人和企业进入市场。从运营角度来说，创建标准化的运营管理系统。从品牌角度来说，找准目标客户群、塑造鲜明的品牌形象等，都是公寓运营商在市场上站稳脚跟的法宝。从金融角度来说，公寓的商业模式需要长期的资金注入，前期包租、后期装修再出租，这其中还需要公寓运营，各个环节都需要资金，这使得公寓的回本周期特别长。想要快速发展自己的公寓品牌，就必须摆脱传统二房东的经营模式，运用金融杠杆使企业拥有更充沛的现金流，以实现自身企业的快速扩张和后期运营。

4. 姬晓鹏（上海蜂电网络科技有限公司）:

随着公寓租赁行业的蓬勃发展，越来越多的年轻人开始进入公寓行业，做起了二房东。刚刚毕业的小明瞄准了当下租赁市场火爆的机会，回家跟父母商量，把拆迁分得的几套房子改成了精装修的白领公寓，又说服了七大姑八大姨，把原来挂靠在中介那里出租的房屋收回来，一并改造成了精装公寓出租。

一开始大家都不理解小明，好端端的高才生怎么会那么“没出息”做起了包租公。其实小明早就做好了市场调研，给公寓引进了现在最时髦的智能电表，免去了人工抄表和催缴电费的烦恼。坐在家里，靠一部手机，一个App就能对所有的出租房进行用电监控，对于那些超期没交电费的，可以直接远程断电；还可以设置预付费，租客通过手机充值即刻用电，欠费自动断电。

知道了这些，大家都感叹小明脑子活络转得快，居然想出这个好办法。小明说这哪里是他的办法好，智能电表是现在的大趋势，别人都在用，尤其是智能电表，运用的是电力线载波技术，几千套房子都在用。

短短几个月的时间，小明利用智能电表的高效管理，加上家人的支持和新合伙人的加入，旗下的出租房翻了好几番。

随着出租房屋的逐渐增多，问题也渐渐地显露出来，这么多的房子，改造线路需要一笔很大的开支。正在一筹莫展之际，朋友带来了好消息，蜂电又推出了一款新的智能插座，可以解决房间重新布线的烦琐，直接把房间原有的插座置换掉，就可以将连接于智能插座上的电器设备的耗电量清晰地统计出来。

得到这一好消息的小明签署了能源托管协议，把所有出租房用电直接打包给蜂电管理。不花一分钱，就真正做到了一劳永逸，完成了在长租公寓领域的草根逆袭。

5. 季老湿：

之所以人跟人有差别，就是因为经历的不同，想要逆袭，比他更厉害，就必须比他经历得更多，人生最值得设计的就是自己的经历。

（资料来源：季老湿“租房创业公益课第69期《收房十诫5：溢价究竟从哪里来》”演讲。）

情景问题七十三：草根如何在长租公寓领域快速成长？

1. 徐光（芜湖爱尚逸家轻时尚公寓）：

认真对待每套房子，从设计到装修，再到成本空置，认真对待每个客户反映的问题，即使不在自己的服务范围内，自己没有损失的情况下，也尽量去帮助他们。另外，不要犹豫，合理的位置比合理的价格更有优势。

2. 吴子福（兰州久拾公寓管理有限公司）：

做公寓有各种不同的角度，要看你的方向定位是什么，确定你的方向后，更多是借鉴和学习，这样才能快速成长。

3. 刘小全（函数公寓）：

没有体系能力、金融支持，企业基本是不可能成长的，最好的路径就是做好产品、服务好客户、算好账。"慢就是快。"

4. 季老湿：

消化别人的经历，将其变成自己的经历。

（资料来源：季老湿"租房创业公益课第69期《收房十诫5：溢价究竟从哪里来》"演讲。）

情景问题七十四：长租公寓实现溢价的法门是什么？

1. 熊磊（陕西铂客公寓管理有限公司）：

短期来讲是市场需求、产品需求和定位，长期来讲是产品品质和租后服务。

2. 邱新亮（西安景润房地产代理有限公司）：

所谓的溢价就是你拿房价和你出租价之间的剪刀差。获取要从两方面考虑，第一，拿房价要尽可能低，这依靠的是谈判能力；第二，公寓的产品要做精、做好、做全，这样你的产品在市场中才有竞争优势，你的产品才能够租出好价钱，有人能高价埋你的单，溢价就更好了。

3. 芦逸（菜鸟青年公寓）：

①装修；②品牌；③增值服务。

4. 李磊［微舍（上海）公寓管理有限公司］：

溢价首先应该体现在产品上，其次体现在服务上，最后体现在品牌认知上。

5. 马培元（寓公网）：

表面是溢价，其根本是盈利能力，关键在于公寓运营全流程的把控。把溢价局限在租金差价上，在国家鼓励、规范、监管住房租赁市场的环境下，一定是不可持续、不长久的。那怎么做到溢价？

从微观上，首先是直接的租金溢价，通过提升产品质感，赋予房屋附加价值；其次是间接开源节流产生的溢价，通过运营降低或节省的成本，都成为企业利润。寓公网提供的软硬件一体化解决方案就是为了提高人房比，提高运营效率，降低人工成本，实现节流目标。

从宏观上，首先是资产证券化带来的资金溢价，魔方和自如都成功发布ABS产品，通过证券市场募集资金；其次是品牌带来的知识溢价，品牌价值提升，可以带动产品多元化、周边产品衍生，可以成为意见领袖等，是无形价值的变现。这些的关键在房量和声量，通过专业、资源丰富的供应链提升公寓品质、降低管理成本，把全部精力投入到房源和运营上，才能实现宏观溢价。

6. 季老湿：

以顾客心为我心。

（资料来源：季老湿“租房创业公益课第69期《收房十诫5：溢价究竟从哪里来》”演讲。）

情景问题七十五：长租公寓的溢价从哪里来？

1. 李金涛（青岛青途驿站公寓有限公司）：

第一，做好市场材料提前量，做到不压货，不缺货；第二，严格掌握收房利润比，把握好空房比例和时间；第三，精准把握各类费用的支出，保证每笔费用支出明确。

2. 刘小全（函数公寓）：

前期是产品溢价，中期是服务溢价，后期是品牌溢价。

3. 罗曾渝（可加公寓）：

长租公寓本身是有利润的，同时根据公寓的情况做深范围经济。

4. 陈珂（可岸服务式青年公寓）：

格调，服务。

5. 季老湿：

①批零的效率差，也就是零售的补贴效率，或者是效率补贴；②风险的

贴现，即用确定性交换不确定性；③购买效率，即你接触到房东所花的代价，他的效率以及租客接触你、向你购买的时候，两种效率的差。

（资料来源：季老湿“租房创业公益课第69期《收房十诫5：溢价究竟从哪里来》”演讲。）

情景问题七十六：如何在长租公寓领域找到对自己有帮助的“干货”？

1. 潘昱翔（上海享寓商务咨询有限公司）：

主要通过同行业的微信群和QQ（一款即时通信软件）群的内部交流。

2. 王宇（未来域资管集团）：

多学习，多参加培训。

3. 罗意（北京乐乎公寓物业管理有限公司）：

长租公寓是个还很年轻的行业，没有太多的规矩也没有现成的路，每个人都在摸索。和同行之间的交流沟通、信息分享十分重要，所以乐乎在2016年9月举办了行业峰会，邀请了行业协会、同行企业、房地产、金融、供应链等方面有关人士，一同探讨行业发展的机遇与困惑，努力让长租公寓拥有更美好的明天。

4. 季老湿：

我们不分享“干货”，因为“干货”只在当时的“那个人，那件事，那个时间点”有用。我们分享的是“究竟”，也就是说在任何条件下都有用。所以不要轻易去听“干货”，“干货”没有用，正所谓“胜不可复”，他过去可以打胜仗，但这种案例不会重复。你要学会看透背后的本质，才能用在自己身上，用在自己遇到过的事情上，然后在新的时间点去重复所谓的胜利。

（资料来源：季老湿“租房创业公益课第63期《收房十诫1：搞清你赚什么钱》”演讲。）

情景问题七十七：如何在长租公寓领域坚持下去？

1. 熊磊（陕西铂客公寓管理有限公司）：

把握好产品定位、运营模式，确保现金流，长租公寓大多挣的是后期的利润，个人认为这也是长租公寓的魅力，它会使人坚持，使人进步。

2. 芦逸（菜鸟青年公寓）：

看清这个行业，不想坚持就不适合做这个行业，这是一个需要时间的行业。

3. 罗意（北京乐乎公寓物业管理有限公司）：

长租公寓是一个年轻的行业，参与的玩家很多，竞争也更激烈，因此要想在行业里坚持下去，就必须专注于自身价值的提高。以乐乎为例，乐乎一直以创业公司之名激励自己，不断学习不断提升。整个团队充满朝气与活力、时刻迸发着自己的奇思与创意，加上对服务标准的不断苛求，日益完善的培训体系，优化升级的服务流程，乐乎始终在行业里坚持并发展着。

4. 罗曾渝（可加公寓）：

小而美的企业要找准自己盈利的模式，不要盲目跟风、盲目扩张。

5. 陈珂（可岸服务式青年公寓）：

脚踏实地，不吹牛。

6. 季老湿：

根本不是坚持的问题。如果一件事情仅靠坚持才能完成，那么这件事情就谁也完不成。你从小学一年级以后，坚持过多久早上 6 点起床？但凡要坚持才能完成的事，都是无效的。

（资料来源：季老湿“租房创业公益课第 63 期《收房十诫 1：搞清你赚什么钱》”演讲。）

情景问题七十八：长租公寓的产品经理如何在行业里快速成长？

1. 陈苛苛（苏州一禾木生活服务有限公司）：

长租公寓最关心的就是入住率、退租率和续租率，而影响这些的因素除了好的管理外，公寓本身的价值也起着不可磨灭的作用，如设计、创意风格、现代化程度等。第一眼的观感很重要，需求和潮流是产品研发的核心，而产品经理要做的无非就是深入租户心里。

2. 兰金龙（太原易租房产经纪有限公司）：

多看，多学，多实践，多想。

3. 邱新亮（西安景润房地产代理有限公司）：

产品经理要想在行业里快速成长，就要时时关注相关的行业动态，结合自身公寓实际情况，取长补短，最大限度发挥自己的主观能动性。把自己的产品做到“人无我有，人有我优”，让自己的产品在市场上快人一步。这样在市场上才有竞争力，自己也能实现作为产品经理的快速成长。

4. 李磊［微舍（上海）公寓管理有限公司］：

产品经理应具有创新品牌意识，对行业有着坚定的信念，在这两个大前提下，对行业的动态随时更新，从收房环节开始参与市场调查，决策产品定位，制定销售策略，动态实施、循环执行，周而复始，坚持下去必定能快速成长。

5. 季老湿：

必须“目中无房”，房子在你的眼里已然不是房子，是一个案例；赚钱是必然的，而你必须在一个个案例中成长。没有案例你怎么成长？一位优秀的产品经理，必须经历成百上千个案例。

（资料来源：季老湿“租房创业公益课第63期《收房十诫1：搞清你赚什么钱》”演讲。）

情景问题七十九：如何解决长租公寓领域的劳逸平衡，什么时候休息最合适？

1. 梁竞丹：

公寓管理人员在公寓运营的链条里无疑是很重要的一环，而刚巧公寓运营又是一个几乎需要全天工作的职业，工作内容也细碎、繁杂。如果想实现劳逸结合，首先需要工作分工的明确和衔接的得当，其次我们也在尝试对客户的服务时间设定界限，让客户养成时间管理的习惯，不过这种方式可能还比较理想化，还需要在实践中探索完善。

2. 吴子福（兰州久拾公寓管理有限公司）：

长租公寓的事务比较烦琐，虽然现在很多智能设备会起到一定的作用，但由于智能设备等具有不稳定性，也不能完全依赖它们。所以，什么时候休息最合适，还是不确定的。

3. 张炎（沈阳懿鑫房产经纪有限公司）：

不同地区休息时间不同，在学校周围工作的，按假期调整；在景点附近工作的，按淡季调整。

4. 季老湿：

做这一行，春节前谁工作啊？该休息就休息。我的机票都买好了，马上就起程了。你创业有什么意义？创业就是给自己一个想工作就工作、不想工作就不工作的机会，你们以为苦哈哈就叫作创业了？

（资料来源：季老湿“租房创业公益课第 74 期《年关攻略》”演讲。）

情景问题八十：长租公寓领域的产品经理炼成的终极法门是什么？

1. 门仕堃（像素公寓）：

专注。这个行业的产品经理只有更专注，才能更加专业。专注的力量很大，它能把产品经理的潜力发挥到极致，一旦达到那种状态，你自己就会发现这个行业的所有东西都是互通的。

2. 刘小全（函数公寓）：

实践与思考结合。不能闭门造车，不能异想天开，不能顾此失彼。建议产品经理多去市场上观察，与同行高手交流；建议他们当当服务员、住户，亲身感受产品设计的好坏；建议他们多从用户体验、管理运营、投资收益等角度思考产品。

3. 莫军（广州墨菲公寓管理有限公司）：

热爱生活多思考。做产品的法门基本是一样的，不管是互联网产品还是公寓产品，都要用心，以解决用户痛点、满足客户需求为目标。长租公寓领域的产品经理要想清楚长租客户的需求是什么，长租不同于短租，短租客户对即时感体验很看重，一次性消费需要的是装修棒、用品全、睡个舒服觉，长租客户更看重的是户型布局合不合理，光线、通风、信号怎么样，室内床、衣柜、家电全不全，因为他是长时间住在这里的，所以需要的是长时间的满足。而他们对卫生间有没有牙膏、牙刷是无所谓的，这些短租客人才会在意。想清楚客户的需求之后，就可以有针对性地设计产品，然后不断改进。

4. 季老湿：

热爱的层次太低了，“迷上一件事情，迷上一个人”，一个人一生有一点成就，只有这一个通道，没有第二个了。你去看成大业者，他们大都痴迷某事。在座的各位可能对自己的收入不满意，对现状不满意，对生活幸福程度不满意，就是因为没能“迷上一件事情，迷上一个人”。

（资料来源：季老湿“租房创业公益课第74期《年关攻略》”演讲。）

情景问题八十一：长租公寓做多大规模才成规模？

1. 余咏心（武汉海豚湾公寓）：

规模因人而异，每个城市都不一样。如果你在武汉，2000间就是规模。但是在北上广，没有5000间，那就不成规模。但在未来，我觉得不少于1万间才叫规模。

2. 兰金龙（太原易租房产经纪有限公司）：

我认为第一要看市场的占有率，第二要看产品的反馈率，也就是品牌。

3. 曾添（麦家公寓）：

“10万间”几乎是当前长租公寓一线品牌不成文的标准，从我们关注到的业内知名的长租品牌公寓发布的信息来看，它们都是将10万间或以上的房源目标作为衡量发展规模的标准。“10万间”也是麦家公寓在2017年3月中旬完成数千万元融资后提出的第一个发展目标，不同的是，这一目标只是麦家公寓2017年的年度目标，而且时至今日，这一目标已经接近实现。

4. 季老湿：

十万（间）才入门，百万（间）见分晓。

（资料来源：季老湿在“租房创业公益课第85期《长租公寓入门》”演讲。）

情景问题八十二：分布式公寓领域是集中在一个地方还是遍地开花？

1. 周越巍（上海乐活家服务式公寓）：

分布式公寓如果有资金支持，地域不是问题。

2. 兰金龙（太原易租房产经纪有限公司）：

分布式公寓应遍地开花，我永远认为鸡蛋不能放在同一个篮子里。

3. 莫军（广州墨菲公寓管理有限公司）：

分布式公寓应集中在一个地方。对于草根出身的分布式创业者，我是建议他们在一个地方发力的，含着金钥匙出身的创业者就无所谓，遍地开花抢占市场才是王道。但是我们不同，我们资金少，人力不足，做不到遍地开花。一个地铁站，周边的小区少则也有两三千套房子，多则房子过万套，有空房源的至少都有几百套，适合的也起码十几二十套，把这十几二十套全部吃下，起码也得一年半载。等到公司在一个地方站稳脚跟，成了当地市场占有率最高的企业之后，就可以拿融资，跑供应商，扩大团队，快速复制，然后去新的地方继续发力，成为当地的老大。

4. 季老湿：

在分布式公寓领域不去聚焦，只有死路一条。你不能把时间都白白花在路上，必须聚焦、聚焦再聚焦。

（资料来源：季老湿“租房创业公益课第 68 期《收房十诫 4：收房的绝对禁忌》”演讲。）

情景问题八十三：你认为什么样的房子是养眼的？

1. 徐光（芜湖爱尚逸家轻时尚公寓）：

功能分区和价格都合理，颜色搭配恰当，家具具有实用性以及耐用性。

2. 吴子福（兰州久拾公寓管理有限公司）：

（1）我们测试过鲜艳的颜色，这种颜色第一眼看上去很美，但是入住之后，住户长期在这种颜色下生活会觉得烦躁。所以，后面我们改变了策略，以视觉上舒适的颜色为主。

（2）在家具和窗帘的搭配上，要有比较强的视觉冲击。

（3）要在厨房、灯饰等其他方面进行元素设计，整体满足客户的审美感。

3. 罗意（北京乐乎公寓物业管理有限公司）：

有别于其他品牌公寓的社交、成长情怀、苛刻的品质要求，乐乎就是要让年轻人住公寓如同“住隔壁家的房子”一样便捷、高效、轻松。我经常说乐乎的产品是“最不讲情怀的”，不少年轻人也很赞同这样的说法。很多年轻人都认为，相对于高端奢华的品牌公寓，自己更加愿意居住在这样温馨便捷的公寓中。

4. 季老湿：

喜欢的房子就是养眼的，不喜欢的就是不养眼的？有没有一种普遍适用的判断标准可以讲清楚养眼的标准？还是那两个字——“想要”。

（资料来源：季老湿“租房创业公益课《收房十诫 2：租客究竟要什么》”演讲。）

情景问题八十四：你们团队如何与房子沟通，达成灵性层面的共振？

1. 徐光（芜湖爱尚逸家轻时尚公寓）：

房子也是有生命和灵性的，你设计时、装修时用心一点，想得更周到一点，自然会有高的出租率和价格回报你。因为你用心去做的房子，自己看了舒服，自己觉得舒服才能更舒服地推荐给客户。

2. kashing：

用心去感受。要站在客户的角度，站在人类的角度去感受。这样打造出来的房子，才能让你无论什么时候看都喜欢，让客户无论什么时候看都尖叫。

3. 刘小全（函数公寓）：

在团队强调对客户和产品的敬畏，专业上就能更深入地考虑。

4. 季老湿：

房子是有灵魂的，你怎么对待它，它也将怎么回报你。

（资料来源：季老湿“租房创业公益课第 63 期《收房十诫 1：搞清你赚的什么钱》”演讲。）

情景问题八十五：你的团队如何选址？

1. 周越巍（上海乐活家服务式公寓）：

团队选址首先取决于你们的方向，方向确定后，根据自身选择的策略确定专门的选址条件。

2. 兰金龙（太原易租房产经纪有限公司）：

应选择交通便利，在自己业务范围之内的地段。

3. 莫军（广州墨菲公寓管理有限公司）：

（1）写字楼密集的地方，最好是能够用数字说话，比如当地的写字楼和住宅的比例。不过我们目前还没有调研出这些数字，只是靠直觉判断。

（2）交通便利，起码应在地铁站附近。

（3）当地有新建成小区，最好是回迁房，这样能大量拿房。

（4）以公司总部为中心向周边蔓延，不要太远，不然太辛苦。

4. 季老湿：

很多人不了解什么是“摩铁”，“摩铁”不是摩托车，而是“mall（购物中心）+地铁”，泛指生活比较便利的地段，步行15分钟范围内有比较好的购物中心和地铁。这类出租房叫作“摩铁公寓”，它不是一个品牌，而是一个品类。将来这个词会遍布大街小巷，别人说你找那个房子怎么样，人家会说我找了一套“摩铁公寓”，作为地段好的一种表达方式。

（资料来源：季老湿“租房创业公益课《收房十诫2：租客究竟要什么》”演讲。）

情景问题八十六：租房团队的管理有诀窍吗？

1. 李金涛（青岛青途驿站公寓有限公司）：

狠抓机遇，瞅准目标，无限发展，稳定掌控。

2. 邱新亮（西安景润房地产代理有限公司）：

所谓管理，就是管人和理事两个方面。管人前提是人，要招志同道合的人，实行合伙制。每个人都有创业梦，公司搭建创业平台，他们贡献自己的时间和青春，公司帮他们圆梦，分出更多利润，他们跟着你能有房有车、衣食无忧，他们自然拼命跟你干。理事就是公司规章制度要完善，要有规可依，有规必依，执规必严，违规必究，从上到下一视同仁。一群人，一条心，必成大事。

3. 李磊［微舍（上海）公寓管理有限公司］：

管理分为四个阶段，第一阶段应身教言传，以身作则。第二阶段应清晰传达，明确引导。第三阶段应执行无误，举一反三。第四阶段是重复以上步骤。

4. 季老湿：

如果你没有把你员工的能力完全激发出来，那么他就会在工作之外把能量散发出来。

（资料来源：季老湿“租房创业公益课第 85 期《长租公寓入门》”演讲。）

情景问题八十七：如何找到合适的讲师培训我的团队？

1. 李金涛（青岛青途驿站公寓有限公司）：

找行业内的专业讲师讲授企业管理类的知识，专业问题应多向已成型的品牌公寓借鉴和学习，多开展自查活动。

2. 刘小全（函数公寓）：

其实挺难找到合适的讲师的，因为真正的专家都在做业务，很少有人分享经验，有时间分享经验的人多半不是专家，我们目前只参加过房东东的培训。团队学习主要还是通过自身不断实践、查找资料、思考总结，同行间的交流也很重要。

3. 陈珂（可岸服务式青年公寓）：

找有实战经验的讲师，进行一对一实操培训。

4. 季老湿：

一请就来的老师是不敢让他上台讲的，为什么？因为他不值钱，那两小时他在外面也赚不到钱，所以才来分享分享。我们要请来的老师，所谓的高人，一个小时值多少钱？我在这里讲了上百节公益课，价值几何？

（资料来源：季老湿“租房创业公益课《收房十诫 2：你的租客究竟要什么》”演讲。）

情景问题八十八：如何平衡把握不同淡旺季销售的分寸？

1. 徐光（芜湖爱尚逸家轻时尚公寓）：

旺季时不要恶意提价，淡季时自然不淡。在正常的淡季，企业应提前做促销，10 个月左右就可以开启 3 ~6 个月不同的优惠，时间短且卡到年关时的项目尽量不做。

2. 吴子福（兰州久拾公寓管理有限公司）：

对待淡旺季，我们需要在现金流、价格策略、产品配置、早期准备等各方面上做好应对。特别是在对待淡季上，比如：①签约时间不能落在 11 月—次年 1 月之间；②淡季价格优惠力度应相对加大；③开放短租。

3. 罗意（北京乐乎公寓物业管理有限公司）：

对于长租公寓来说，所谓的旺季淡季都是源于你的产品。我曾经说过，北京没有租不出去的房子。如果有，那可能是你自己的问题，或者是产品，或者是服务，或者是配套，总之有不完善的地方。当你把不完善的地方都完善了，淡旺季就不是问题了。就说乐乎，它的房间平均租住率达到了 98%，不分淡旺季都保持这样一个数据，因此你的运营能力决定了你的出租率。

4. 季老湿：

你的产品在不是同质化竞争的情况下，可以很棒，但是在同质化竞争的时候，你就可以在合适的时间点一下把房子租完；在你不够厉害的时候就出去玩，你现在的状态是出去玩的状态，因为你厉害或不厉害已经没有区别了，是一样糟糕的，差别不大。

（资料来源：季老湿“租房创业公益课第 74 期《年关攻略》”演讲。）

情景问题八十九：公寓业菜鸟如何快速入行？

1. 徐光（芜湖爱尚逸家轻时尚公寓）：

首先要有足够的耐心和资金支持，一旦进入公寓业很难退出；不要想着从各个方面省钱，要调查主要客户群体的需求，学生要便宜，工薪族要实惠、性价比高，白领要风格和内涵，然后测算出自己的投入；新人一定要舍得运用各种网络广告，入住率越高，越有干劲；人员要精简化，开源和节流最好同步进行。

2. kashing：

读万卷书，不如行万里路；行万里路，不如阅人无数；阅人无数，不如名师指路。要找到这个行业的高手和名师，他们指引你，能够比你自己学习摸索快得多。

3. 季老湿：

这个行业的人要经过许多个春夏秋冬才能真正入行，你以为你遇到的问题是偶然，但是我告诉大家——"偶然当中有些是必然的"。我跟大家讲的都是必然的规律。

（资料来源：季老湿"租房创业公益课第 85 期《长租公寓入门》"演讲。）

情景问题九十：你所在的城市的好地段在哪里?

1. 林晓杰（琪屋公寓）：

我现在所在的城市是山东省烟台市，我认为好的地段在芝罘区南大街和莱山区大学城。

2. 王宇（未来域资管集团）：

现在我们公司布局了 11 个城市。我认为好的地段基本上都是在地铁口附近，但是现在很难找到这样的空房源或者找到了成本很高。我们当时找的成本不是很高，但现在的同行再去做这件事情，投入会很大，而且这种物业的可获取性和获取持续性有问题。

3. 罗意（北京乐乎公寓物业管理有限公司）：

在北京，我或者乐乎眼中的好地段就是位于地铁沿线，周边配套设施完善，租金区间也合适的地方。在北京，符合这些要求的地段有不少，所以乐乎有很多项目都是在四五环之间、地铁附近，很受租客欢迎。

4. 曾添（麦家公寓）：

麦家公寓的总部位于风景秀丽的人间天堂——杭州。麦家公寓曾对杭州市房屋租赁市场做过详细的分析，以我们的角度来看，结合杭州的流动人口、产业布局、人才构成、经济发展等多项因素，麦家公寓划分了三大最具潜力的核心区域，分别是“滨江区”“钱江新城”和“未来和科技城”，这三处区域或为商业核心区域，或为高新产业区，区域内的从业人员具有高学历、高收入、追求高品质等特点，他们也是麦家公寓的意向租客群体。

5. 季老湿：

我个人认为可以从上海市延安路、新华路一直往南到徐家汇，从徐家汇沿着肇嘉浜路一直到打浦桥，从打浦桥到南浦大桥，再从南浦大桥翻过黄浦江一直拐到陆家嘴，从陆家嘴经世纪公园一直到金桥路碧云路。这条线上的住宅相对比较有意思。

（资料来源：季老湿“租房创业公益课第 63 期《收房十诫 1：搞清你赚什么钱》”演讲。）

情景问题九十一：如何看待“丑房焕新”商业化的价值?

1. 梁竞丹：

“丑房焕新”对物业的基础或者说改造的深度要求极高，它的风险其实要高于新房，如果有合适的物业，它未来的商业价值肯定不会低，但是前期评估还是要深入地考虑它的潜在危机，这个可能更重要一些。

2. 吴子福（兰州久拾公寓管理有限公司）：

老房子里有很多东西不能满足租客需求，所以，我们应通过软装、家具设计等其他方面增强用户体验，更多地发现有格调的点，增加它的价值。

3. 张炎（沈阳懿鑫房产经纪有限公司）：

丑房焕新看地区、看需求，改造得好，房间租金会因此增加很多。

4. 季老湿：

因为打造美的能力太稀缺了，所以它可以市场化。换言之，就是需要美好居所的顾客太多了。

（资料来源：季老湿“租房创业公益课第 85 期《长租公寓入门》”演讲。）

情景问题九十二：什么是产品经理最难超越的?

1. 刘玉昌（果果青年公寓）：

应该是“让所有人都满意”——不仅要让房东、租客满意，还要让财务、公司满意；要权衡产品质量、颜值、成本、周期以及客户吸引力之间的关系，还要考虑 5 ~ 8 年时间内的产品吸引力和对整体趋势的把握。

2. 林晓杰（琪屋公寓）：

产品出得快，钱回得快，一年回本最好。这是这个行业里产品经理最难超越的。

3. 高伟（直租之家）：

不断创新和对公司产品的魅力塑造是最难的。

4. 季老湿：

就像拆迁户分了 5 套房子，却怎么也换不掉已经用了 20 年的脸盆一样，产品经理需要不断经历破碎复原再破碎再复原，挑战更高的境界。

（资料来源：季老湿“租房创业公益课第 74 期《年关攻略》”演讲。）

情景问题九十三：描述一下你认为最值钱的时间?

1. 刘玉昌（果果青年公寓）：

最值钱的时间是当下。现在还处于长租公寓的发展期，要把握好时机，在市场中站稳脚跟，拥有一席之地。

2. 林晓杰（琪屋公寓）：

和客户签合同的时间是最值钱的时间。

3. 高伟（直租之家）：

最值钱的时间应该由市场决定。

4. 马培元（寓公网）：

罗振宇和罗永浩两人有个《长谈》节目，罗永浩在节目里一再强调“长板理论”：要让长板更长！因为补短板是死路一条。

刚开始创业，一个人可以兼顾各项工作。但只要企业上了正轨，就要合理分配人力和时间。公寓运营商的长处在于房源的进出运营，如果要兼顾整个供应链环节，就是拿自己的时间去补短板，最终只节省出一小部分成本，损失的是跑马圈地、提高管理效率的时间和机会，当风口关闭、蓝海变红海，那时候的时间机会成本将非常高。一个成熟或趋于成熟的行业，都是有很多专业供应链的参与，比如酒店、地产、家电等。这也是寓公网创立的意义，利用多年经验和世界一流资源，与公寓运营商一起，各自把时间花在专业领域，各自发挥“长板”，实现快速发展，这样的时间，价值最高。

5. 季老湿：

最值钱的时间是闲暇时间，是你能自己选择什么都不做的时间。

（资料来源：季老湿“租房创业公益课第 85 期《长租公寓入门》”演讲。）

情景问题九十四：我还没有赚到钱，如何能帮助别人（租客、房东）？

1. 李金涛（青岛青途驿站公寓有限公司）：

把配套和服务提上去才能拥有更多的客人，为客人服务是我们的根本宗旨，没有为什么。

2. 刘小全（函数公寓）：

关键是帮什么忙，有的帮助不是用钱做到的，为租客提供好的产品和服务，为房东管理好资产就是帮助他们。

3. 罗曾渝（可加公寓）：

把产品做精，提高管理效率，长租公寓本身还是有利润的。

4. 陈珂（可岸服务式青年公寓）：

能帮到别人你才有价值，才能赚钱。

5. 曾添（麦家公寓）：

为了完善出房渠道，提升租客租住体验，麦家公寓自主研发了“麦家租房”App，该App具备网上看房、网上预约、线上签约、房租催缴、水电费缴纳、手机开锁等多项功能。在经过多次升级后，2017年7月“麦家租房”正式更名为“麦邻生活”，在原有功能的基础上，对业内所有的长租品牌公寓“分享”平台，App上面有海量的真实房源，这些房源既有麦家公寓自营的，也有其他品牌公寓的，在房源展示和推荐上完全遵循开放公平的原则，所有房间一视同仁，麦家公寓正在用自己研发的平台为同行提供更多的出房渠道和展示平台，“分享”麦家建立的渠道。

6. 季老湿：

光依靠什么成为光？光通过成就万物成为光。是你赚到钱了再去帮别人，还是帮别人顺带赚了钱？

（资料来源：季老湿“租房创业公益课第85期《长租公寓入门》”演讲。）

情景问题九十五：如何成为一个有智慧，对行业对事业有深刻洞见的人？

1. 陈苛苛（苏州一禾木生活服务有限公司）：

学无止境，多多学习，多多进步吧。跟对了人，做对了事，什么都对了。

2. 兰金龙（太原易租房产经纪有限公司）：

①多积累行业知识；②保持信息的流畅性；③用思维导图整理产品结构；④平时注意多学习专业知识；⑤学会创新。

3. 邱新亮（西安景润房地产代理有限公司）：

想成为一个有智慧的人，就要用心地去学习，想成为一个对行业、对事业有深刻洞见的人，你必须要全身心地投入到这个行业里，用心观察，用心思考，用心去解决日常工作过程中遇到的每一个问题，在总结中实践。

4. 李磊［微舍（上海）公寓管理有限公司］：

我认为首先应该具有包容心，心态可以决定一切，要对你所选择的行业抱有坚定不移的信念，包容接纳，每天都处于学习状态，保持思考。

5. 秦龙（遇合公寓）：

大量阅读专业书籍，响应国家政策，尽早做出行业判断，调整企业运作方向。

6. 季老湿：

这样的人不一定比你更加聪明，他能成长起来恰恰是因为他体验过、经历过比你更多的痛苦。

（资料来源：季老湿“租房创业公益课第 85 期《长租公寓入门》”演讲。）

情景问题九十六：季老湿是如何炼成的？

季老湿：

我不比你们聪明，我只是经历的事情比你们多一点，经历的痛苦也比你们多一点。

（资料来源：季老湿“租房创业公益课第 66 期《收房十诫 3：如何理解房东是一种什么生物》”演讲。）

第三部分

溢价方法论

入门篇：溢价心法基础——起心动念

从事长租公寓行业这么多年，我们发现这个行业有一个特征叫作“规模不经济”，这个专业名词是我们在该行业工作了十几年的过程中体会到的。

什么是“规模不经济”？意思就是规模做得小的时候赚钱，如果规模一大，自己忙不过来，一请员工就不赚钱了。

可是在当时，我们自己在这个行业做到一定规模后，以为后面可以简单地以加一个0、两个0甚至是三个0的速度去发展，现在想起来当时真是太狂妄了。就是这种狂妄，致使今天我们看到无数的团队正在走同我们一样的老路。而这种错误的路，我们走到2009年，就走不下去了。

在长租公寓创业领域，我们是最早一批“死”在沙滩上的，就是自己把自己给“灭”了的。为什么把自己给“灭”了？因为公司扩张速度太快，而且没有足够的资源支撑。当然，现在有移动互联网、有系统、有智能门锁、有资本、有VC（风险投资），但当时什么都没有，只是靠自有资金和盈利扩大规模，所以我们就“灭”了。我为什么会“灭”了自己？因为我太痛苦了，很多方面的事情解决不了。不是外部问题，就是内部问题，反正我没有一天是开心的，更不要说赚钱了。

为什么会出现这样的现象？后来我才发现最关键的核心问题：我的起心动念错了。

起心动念错了是长租公寓这个行业最常见、最关键的错误。我们十几年走过来，见证了身边无数人，都“死”在起心动念上。只要人没有远大抱负，月收入一过10万元，几乎无一例外会走向“堕落”，基本如此，无一例外。

那么，什么是起心动念？正确的起心动念又是什么呢？

一、何为起心动念?

起心动念指的是我们面对某一事某一物的发心和念想。不同的起心动念源于我们心里装着的东西不同，并最终导致不同的果报。不同的起心动念，引发了眼耳、鼻、舌、身和心意（六根）对世界的各种分别判断。这些价值取向的定义驱动你展开各种活动，以取得对自我价值的认同，完成自己的自我意识。

二、长租公寓起心动念的基本纲领

在长租公寓领域，最重要的就是起心动念，换句话说，就是“那个起点在哪里”。很多在长租公寓领域创业的人只是为了赚钱而工作，为了收房而收房，为了租房而租房，殊不知在这个领域的第一条禁忌，就是起心动念错了。因为做事的“根”在我们产生第一个念头的时候，就已经决定了。

在这里我们最多只能种一颗种子在心里，但我没有办法让这颗种子发芽，这颗种子要发芽需要适当的阳光、雨露、土壤，这些都合适的时候果实才会长出来。也就是说这个“念”要遇上很好的助缘，你的起心动念才能起来，否则的话，它便处于沉睡的状态。而且沉睡的状态会被另一股力量压制，就是你内心深处那颗想赚钱的心——买卖心。我们大多数创业者只有“买卖心”，说白了就是只关注“我怎么才能多赚点儿钱”，然而，这并不是一条智慧的路。

这颗起心动念的种子，基本纲领就是“为谁请命”，在因上拼命努力，而在果上随缘。比如你今天去收房，跟那个房东说：“我想帮你整修房子并帮你把它租出去。”房东说：“我只想租给出价最高的人。”你没有收到房，但不代表你这样做是对的或者是不对的。也就是说，我们只管去做，至于对方能不能认可，由于各种因素的影响，结果只能随缘。你去收房不能指望每个房东都可以同你合作，但是你可以展现你的诚意。我只要确信这件事情对你有帮助我就干，不能说我确信我有好的回报，我才去干，这是两种完全不同的心境。

只要你领悟了这个基本纲领，你就会发现，你做事情的思路、心态、动力都会和别人不一样。

三、 起心动念的三大法则

一定要确认你的起心动念是对他人有益的，这直接决定了你在这个行业是向上生长还是向下坠落。之所以“因上努力，果上随缘”，就是这个道理。通过实践我们发现，在长租公寓要找好起心动念，需要懂得以下三大法则：

1. 为谁动念

生于1925年的小野二郎被誉为“寿司之神”，作为全球最年长的米其林三星厨师，他已经近93岁高龄，从事寿司工作60年以上，最令人惊奇的是他越做越快乐，越做越好。直到2011年美国南加利福尼亚大学的大卫·贾柏采访他，人们才明白其中的原因。原来这位老先生活着的动力就是寿司，他要做出全世界最好吃的寿司，不为其他的想法，也不为了钱，就是这么简单。为此他从最好的鱼贩子那里买鱼，从最好的虾贩子那里买虾，从最好的米贩子那里买米。根据顾客的性别、用餐习惯精心安排座位，并时时关注客人的用餐情况以做调整。

能做出全世界最好吃的寿司，他会赚不到钱吗？所以，起心动念很重要。你的起心动念对不对，要问我们内心究竟是为自己，还是为别人。

如果你的起心动念只是为自己赚钱，那么你的产品、你的服务最终一定会走样。但凡你的起心动念是为别人的，你就具备了匠人之心，因为你会把原来那个“小我”放下，心中升腾起一个新的信念：“在这个地区我就是要帮助这群人，把居住问题解决好，做到极致。”一旦你有了这个思想，你才有机会走上正轨。

我们最早创业的时候常常很晚回家，可是回到家里再晚，睡在床上，想到今天又多了一位新客户住进我们精心打造的房间里，大家都觉得特别满足和开心。特别是看到顾客租了我们的房子很开心后，我们更加开心。没有什么比顾客对你的赞许和认可更令人开心的了。

所以起心动念的第一条法则就是确立为谁而念。但凡第一条做不好，你的未来发展肯定会出问题。

2. 抢占“山头”

什么叫作抢占“山头”？

就是说你确定了你的顾客群体后，接下来就要想好怎么占领你的“山头”。专业的理解就是，确定你的品类是什么。

我们的品类叫“摩铁公寓”，但是为什么我们很少去说“摩铁公寓”四个字？因为“摩铁公寓”不是一个品牌，而是一个品类。也就是说有一天你会听到许多人都会说我租了一套“摩铁公寓”，但不一定是我们打造的房子，而是指一套靠近地铁、购物环境特别好的房子，大家都知道有四个轮子的SUV（运动型多用途汽车）叫作什么？叫作吉普，有一个品牌叫作吉普，有一种凉茶叫作王老吉，一个品牌成为了一个品类的代名词。当这个品牌成为了品类代名词的时候，这个“山头”就是你的。

每个创业者无一例外最重要的工作就是要创造一个品类。如果你只是简单复制，你离失败就不远了，因为这不是你亲身体验到的。你必须自己创造一个全新的品类，这样才有未来。

比如我们最近又创造了一个新的品类，叫作女生公寓。这类公寓里只有女生，没有男生。我们的起心动念是什么？曾经有一位女性租户告诉我说：“季老湿，你知道女孩子有时候就想穿得清凉一点，但是有男生出没感觉不方便，如果你们能做一个只有女生住的公寓那多好啊。”这个念头一直存在我的心里，但之前没有好的物业，我们才没有行动。这个念想藏在我的心里十年，直到最近我们才有实现的机会。有这么一个公寓项目，我们在里面选出了4～6间房，跟其他的单元完全隔离。房间里面不许有男生，男生统统住外面，而且这个独立的单元里吃的、玩的，只要你能想到的，应有尽有，设计不用说，肯定是一流的。月租金还控制在2000元一个人，我们都还没有开始做，已经有一个企业和我们说：“你别对外租了，我们都要了。”

这种理念顾客一听就会埋单，为什么？这是一个品类。所以你一定要找到属于自己的品类，而不是抄别人的，抄别人是体验不到行业的本质东西的。找到自己的品类，抢占你的“山头”，这是成功的关键一步，如果没有这一步，企业根本无法发展，最多只是生存。

3. 差异化

这里讲的差异化指的是要找到你的强项，并恰巧符合顾客的刚需，最好也是竞争对手的软肋。这就是差异化的落脚点，我们一定要找到这种落脚点。

如果你说：“我有钱，我爸爸是做 PE（私募股权投资）的，有的是钱。”那么你跟所谓的大户去拼钱，拼资本。这对有些人来说是一条路。但是对大部分人来说，这不是我们的强项，这种人的强项，恰恰是我们的软肋。

所以，我们要问自己有什么强项能对应顾客的刚需，并且是竞争对手的软肋。找到这个，也就找到了属于你自己的差异化。

当你把起心动念理解透了，就会发现房子溢价自然而然出来了。因为你走的是心，你是在用心与顾客交流。溢价的根本就是心与心连接的效率。

还是那句话，我们今天做的是公寓的事业，我们追求心与心连接的效率，当你能站在顾客想问题的角度去思考的时候，你为顾客而花心思的时候，你抢占了“山头”的时候，你有了差异化的时候，溢价自然就会出现。

那么，现在请你自问：“你的起心动念对了吗？”

入门篇：从体验入，与实相合

长租公寓这个行业其实是一个巨大无比的“坑”，有许多人是想进来试一试的，结果一套十多年。如果你没有这个感受，那是因为你没有在这个行业待这么长时间。想要摆脱这种状态，大家需要感悟到“从体验入，与实相合”的境界。

一、什么是“从体验入，与实相合”

举个例子，假如在我们面前有一片瓜田，我们想要摘一个瓜，我们就需要先抓住一根藤，顺着藤往下摸就可以摸到瓜，但是摸到的是瓜皮，不是瓤也不是籽。但是大部分人看到瓜时一眼看到的是瓜皮，你就以为瓜是绿色的。殊不知里面还有红色或黄色的瓜瓤。

我们一路走来犯的错误都和大家一样，我们以为通过自己的眼睛看到的世界就是这个世界的实相，殊不知混淆了实相跟表象之间的差别。表象是你看到的，而能打破这个局面的方法叫作“从体验入，与实相合”。体验就是抓住那根藤，顺着它慢慢往前摸，最后才有机会接近实相。

二、如何做到“从体验入，与实相合”

既然“从体验入，与实相合”如此重要，那么我们该如何做到呢？我认为需要三个过程。

过程一：慢慢来最快。

有人曾经问过我一个问题，他说：“季老湿你这么聪明，能不能告诉我，有没有什么办法能把上海滩的中高端二房东全部都收编了？”我对他讲：“这件事我已经干过一回了，烧了几百万元，当时就想整合，整合完了以后就失败了。为什么？

因为没有‘从体验入，与实相合’，因为不懂‘慢慢来最快’。”

我问他：“你能不能告诉我，二房东这个群体，他们归根结底想要什么？如果你手里有他们想要的，他们就会被你整合，你没有他们想要的，他们肯定不会被你整合。“如果企业完全生活在自己的世界里面，不知道服务对象想要什么。那么这种整合基本上是无效的，就和我当初犯的错误一样。整合完成，基本上企业也就倒闭了。

在长租公寓这个领域里面，关于快与慢一直有争论，大家都想快，特别是已经拿到风险投资的机构。有次我跟一家品牌公寓的老总坐在一起聊天时，我提出想去他做的公寓体验一下，看一下装修好的房间。因为我们关系特别好，所以我进去一坐下来就对他说：“我能不能批评你？他说：“可以”。我说：“这套房子给我的体验是，你们没有用心。第一，你们那个烤箱安装得不好，距离台面的缝有一指宽，这个肯定不行。第二，你们把墙刷成宝蓝色，我不说好看还是不好看，蓝色的漆面肯定刷错了。我们刷颜色的时候有色墙和白墙，色墙跟白墙一定有交界的地方，色墙跟白墙如何交界是有规律的，有时候刷着刷着就直接刷过去了，这堵墙刷到色墙，刷到上面过梁的地方，这个梁是不是跟着一起刷，还是底下跟着一起刷，这是有规定的，不同的刷法视觉效果是不一样的……”我一共跟他讲了十七八个不对的地方。他说：“是啊，我一个月做几十个工地，最多的时候三十多个工地，不可能每个都跑，肯定有做得不到位的地方。但我要的是量，所以需要快。”

这里就涉及了一个关键的问题：在长租公寓领域，究竟哪些事情需要慢慢做，哪些需要快一些？

所谓“慢慢来最快”，就是要先确定你的方向和客户想要什么，把产品做好。如果这些都确定了，后面就会更快速地发展，磨刀不误砍柴工。因此，我建议大家都慢下来，仔细看看路，看看自己，想想未来，不但想想自己究竟想要什么，更重要的是想想客户想要什么，你能做好什么，怎么去创造价值。等你可以稳定地输出价值的时候，赚钱将无须担心。

过程二：财富（业绩、口碑）是内在丰富饱满后，自然向外延伸的结果。

这个很好理解，但是很多人都做不到，就像怀胎十月一样，自然而然。

原理简单，没有那么复杂。但是我们做产品的时候，所有人却都不这样做，包括早期的我们也不是这样的，我们就用三个字在做，叫作“耍流氓”。

什么叫“耍流氓”？许多年前上海市场遍地是房子的时候，市场上有部分产品做得很烂，把房子拿过来隔一道墙就结束了，从最小的群租分割，做到后面做大分割（N+1），企业起步阶段都干过这样的事情，但这是不对的，这样会被市场淘汰。

直到体验了一些刻骨铭心的失败后，我们才知道这样做是不对的，不能从本能和欲望来做产品。欲望是什么？欲望就是“我要挣钱”，本能就是“我想多赚点钱”。市场当中绝大部分的小型经营者都是受这股力量的驱使在做公寓，几乎没有例外。而现在我们改变了这种观念，我们专注于给客户提供有质感的生活，所以才有了现在的业绩和口碑。

我们原来不会做产品的时候，每天都觉得难受，觉得做生意怎么这么难，没有丝毫的快乐，也挣不到钱，永远走不出去，受制于人，太痛苦了。这个体验只有走过的人才知道。

那个时候从来没有想过一件事情会让人这么不快乐。这么难受不是因为别的，就是因为内心深处极度匮乏。反过来讲，2013 年、2014 年重新出发的时候，我们的内心是丰盈的。内心丰富饱满，那么延伸到产品上，一定会更好。

所谓的财富、人际关系、健康、孩子的教育、夫妻感情，在这个点上都是相通的。我自己对此深有体会。如果你此刻也很痛苦，不要去责怪别人，因为你心里面没有放东西，所以延伸出来的东西就不丰盈，还谈什么财富呢？

过程三：成功是偶然的，失败是必然的。

在做长租公寓这 9 年的时间里，我一直都在走弯路，没有看清实相，最多摸到一点点藤，或者摸到一点表皮，里面是什么不知道。但是不知不觉中，你已经深陷其中，拔不出来了。

为什么说在这个行业里，成功是偶然的，失败是必然的？就是因为在这条路上有太多的点，这些点连成一线，最后才能够形成你想要的那个结果。长租公寓这个行业有四个特点：分布式、碎片化、长链条、低利基。

其中挑战最大的就是长链条，这是我们碰到的问题最严重的一个点。在链条不够长的时候，做错一件事情是不会伤筋动骨的，但链条太长，一个错、两个错、三个错叠加在一起，反复叠加，叠加到最后你只知道答案是错的，但是你根本不知道是在哪一个环节出的错，你找不到它。这是我们在内部测试的过程中发现的，即我们找不到错误在哪儿。在我看来，当年我自己根本就不知道这些错误，直到现在我才看明白那些错误是怎么来的。

那么，这个问题应如何解决呢？

我建议，立即找到行业内的第一高手，向他吸取失败的教训与成功的经验，自己企业的生命会立即延长十年。有多少人在创业的过程中愿意去找高手指点自己，问问这些高手的得失，问完了以后再往前走的？还是说大部分人都在闭门造车？任何一个行业都有高手，全国有很多长租公寓行业的高手，创业者们去找过吗？创业者一定会从其他地方，从别的长租公寓经营者，特别是长期经营过公寓的人嘴里听到一些经验，他也有这方面的领悟，只是表达方式不同，但所要表述的内容是接近的。

回到正题，我们会发现“从体验入，与实相合”是需要时间感悟的过程。在这个过程中，但凡我们最终达到这个境界的，都会明白以上三个过程多么重要。当你真正感悟到“从体验入，与实相合”的境界时，你就会发现提升房子的溢价其实并不是那么难。

入门篇： 为什么房东要出租物业

为什么房东要出租物业？大部分的人都会认为是为了钱。然而，真是如此简单吗？我们一起来分析其中的道理，剖开背后的本质问题。大家就会更加明白这到底是怎么回事。

首先我给大家分享三个例子。

例一：崇明岛的三栋毛坯别墅

有一个房东在上海市崇明岛有三栋别墅，每栋别墅建筑面积有550平方米。他来找我们为他出出主意，他说："我这些房子有没有办法出租?"我们问他："你能不能告诉我，你们家的房子打算租给谁?"他给我的反馈是这些房子可以租给公司，公司租下来做员工培训，结合度假休闲。当时买的时候他就有这种想法，但是后来一直没有动工就放在那里了。我问他买房用了多少钱？他说一千多万元一套，但是如果要再装修，每套也要花上几百万元。但是他没有办法验证到底再投入这么多钱对出租有没有帮助。

例二：白金瀚宫独栋别墅

我们有一个朋友出租上海市白金瀚宫小区的房子，外面市场价都是4万元/月，他租掉才2万元/月，这栋别墅377平方米，精装修，地段不错，只可惜错过了出租的节点。一旦错过了这个节点，什么时候再租出去就不知道了。于是房东决定下调租金到2万元/月，只求有人能租三年。如果房东想要赚钱，为什么对折租三年？这是一个需要思考的问题。

例三：近郊的农民回迁房和集体产权房

上海市松江区有一套位于都乐路的别墅，外形属于农民别墅，造得还行，房东也打算将其出租。我问他："你打算怎么租?"他说："简单弄一下就可以出租。"什么叫作"简单弄一下就可以出租"？我把他的反馈总结成了一个词，叫作“非正常居住除外”，就是这个房东什么都可以接受，就是“非正常居住除外”。

以上三个例子，如果我们大家心细，可以发现它们的背后其实就是房东出租物业的根本原因。

那么，房东为什么要出租物业呢？我们认为其中有三大根源。

第一大根源：解决流动不经济。

解决流动不经济就是用流动性差的资产（房产）交换流动性好的资产（现金）。

从流动性角度来讲，就是用流动性差的东西换流动性好的东西。比如拆迁分来的房子，房子拿在手上可以买菜吗？显然不可以，他需要用房子换流动性比较强的资产，也就是现金。他要用流动性差的资产去交换，通过某种交换的方式，交换出流动性比较好的资产。

第二大根源：中国特色的人文因素。

很多人问：“那些房东如果是为了解决资金问题，为什么不把房子卖了变现？”

调研的结果显示：很多房东手上拿着很多的房子，就是不卖，每个月出租出去，换一点钱花。

究竟为什么会产生这样的结果？

这是由于中国特色的人文因素造成的。大部分人只要赚到钱，排在第一位的就是买房，或者回老家盖房。有恒产者有恒心，安居乐业的前提是有一套属于自己的房子。人类从农业社会过渡到文明社会，有了资本后，从原来争夺食物开始慢慢演进到争夺一样东西，这样东西就是房子。大家对占有房子的欲望是无比强烈的，但凡挣钱了大都想买房子。中国人就更加不例外了，基本上有钱就想置地买房。

除此之外，还有一个很重要的因素，这个因素的核心在于不安全感。从1998 年住房制度改革，取消福利分房，大力发展商品房市场至今近 20 年的时间里，房屋和户口制度紧紧绑定，教育、医疗等城市福利往往与租房者无缘。

租售不同权，租客的权利得不到保障，迫使有能力在大城市发展的年轻人倾全家之力节衣缩食买房还贷。传统文化叠加房东相对租客的强势地位，让所有的房东去持有房子，当他要解决流动性问题的时候，他更加坚持交换小额流动性，留在手上总比卖掉强，不到万不得已不会卖房。大家可以去打听一下，在上海近郊有一种风俗，就是无论家里有多少套房子，拆迁的房子都不能卖，如果卖掉，乡里乡亲就开始在背后指指点点，跳广场舞的时候都在讨论这个事情，这就是文化。

第三大根源：不可移动。

房东出租房产的根本原因，还有重要的四个字——“不可移动”。

什么叫“不可移动”？房子为什么叫不动产呢？因为你带不走它。

你们见过多少不在上海的房东？太多了，因为他带不走房子，但又投入了强烈的感情在房子里，所以他是不会卖的，他实在没有办法处理就只能将其出租。

所以，为什么房东把房子出租？文化因素令他不到万不得已不愿卖房子，而房子不可移动，房东又想兑换些流动性的资金，决定了房东选择出租。

所以，我们一定要顺水推舟，顺势而为。我们要尊重所有房东留下的东西，留下的文化，在房东愿意出租而不想卖房的时代，我们只能顺势而为，替房东解决出租换取流动性的难题，你就可以在长租公寓这个领域大有作为，前景无限。

入门篇：房东到底是什么

很多人都没有深入研究过房东，或者是研究的样本不够多。我们在这个行业待了十几年深有体会，也只有干过10年以上的人才能知道房东的心。只有理解房东的心，才能认识到房东需要什么。

对房东的第一大伤害：伤了感情。

“睹物思情，触景伤心。”一间十分破旧的房子，你对房东说：“我能不能重新翻新改造啊？”他说：“我在这里住了二十年，这些老物件都是我的宝贝，你不能扔，租约到期的时候还要还给我的。”房东就是这样的。

我们有一套公寓交房的时候，一个老房东抱着电视机就走，他说这个电视机我要带走。他觉得如果他出租了屋子，电视就要被房客使用，这伤了他的感情。你自己的家里来过陌生人，你能发现吗？更不用说屋子和屋子里的东西，被别人用了那么多次，你再收回去是什么感觉？不要不理解房东扣你的押金，他觉得自己感情受到了伤害，他租的是房子，没有想到要把感情带出来，他想得到补偿，房东就是这样的。

所以，你理解了房东后，你就知道怎么处理这些问题了。我们通常会跟房东说：“您可以把您认为是宝贝的东西一概搬走。”我们就是这么做的，房东可以把他认为值钱的，对他有意义的东西全部搬走，我们什么都不要，房东留一个空屋子给我们就可以了，因为我们并不知道房东对哪些东西有感情。

对房东的第二大伤害：伤钱、伤时间。

对于大部分房东来说，这一点主要就是屋损、违约，最终伤钱、伤时间。

（1）屋损。

屋损很难讲清楚，租客说是自然损耗，房东说是人为的，这是没有客观评判标准的，永远是模糊的。

为什么发达国家的租房市场都不愿意配齐家具家电？与我国隔海相望的日本或者韩国，你看一下它们的大众长租市场，一水儿的精装修公寓，但是灯具、家具、家电都要你自己来配。目前国内的习惯是全配齐，要一夜之间扭转过来不太可能。如果你只提供一个空屋子，是租不掉的，也许在未来的某个时间点会产生质的变化，但是现在还不行。

（2）违约。

如果你还没有被违约过，那说明你入行的时间太短。做我们这一行必然会被违约，这是很正常的，人来是自然的，人走更是自然的，这不可避免。问题是在发生了违约后，我们怎么妥善解决这个问题？

房东认为，违约绝对是一种伤害，是天大的伤害。在房子没有租出去之前，房子放多少天房东都不心疼，但是谈免租期的时候，哪怕多一天房东都心疼，他说哪天不是钱啊，但是多空置一天租不出去，房东就不认为是损失，这个逻辑非常奇怪，但是房东就是这样的。

对房东的第三大伤害：伤了心。

伤点感情，伤点钱，伤点时间也就算了，对房东来讲最大的伤害就是伤了他的心。“签了长约，租金低了”，没有比这个更加让房东伤心的事情了。

房东最喜欢的是租金又高，又不提要求，还不违约的租客。最好就是把所有的杂事浓缩在一个依赖点上，把所有的“烦”删掉，只剩下每月收钱，简称“除了要钱什么都不要”。这既是挑战，也是机遇，谁能把房东伺候好了，谁就能拿到房子。

入门篇： 收房入门——收房兵器库

对于每一个在长租公寓创业的人来说，收房都是决定性的时刻。因此，我们特意将收房这一环节的实战秘诀汇总起来，简称收房兵器库，帮助大家在收房这个环节做到最好。

整个收房兵器库分为 6 大模块，每一个模块都做好，能积累下非常大的谈判优势。

1. 收房术语：能长签吗

不要小看这四个字。高深的本事往往异常简单，大都是一句口诀。但是真要实践，是需要时间的。所以记得无论你用什么样的方式来聊天，聊到一个关键的时刻就用这四个字“能长签吗”。

所以，以后无论是和房东还是房产经纪人沟通，都可以用这一句话直通命脉：能长签吗？这个问题没确定之前，其他不需要多谈。

2. 收房一大秘诀：下一个

长租公寓创业者应有的状态是“不在和房东谈判的桌上就在去谈判的路上”，第一句话就是：“能长签吗？”

但是，如果谈判时房东不愿意，说“不行”怎么办？

给大家传授三字诀：“下一个。”

房东千千万万，每位房东都有自己独特的需求。我们就是在做概率。如果我们让员工每天打电话邀约房东出来，千万不要让他做艰苦的工作，因为他的工作并不能在电话里面完成，他们要做的就是邀约，判断房东是否能长签。如果不能长签，那就换“下一个”。

3. 收房两个宝贝：转租权和签约年限

第一大宝贝是转租权。

和房东什么都可以谈，但是要在房东给你转租权的前提下。这是收房的第一大宝贝。因为没有转租权，后面所有的一切都不会发生。

第二大宝贝是签约年限。

有人会问签约年限最好是签多久？签约合同签多长比较合适？

答案是大于等于6.5年，小于20年。因为法律规定租约不得超过20年，你能签的最长年限是19年11个月，我们见过宾馆有签19年11个月的，基本上公家不动产才可以签这么长。

4. 收房三大场合：主场、客场、中立场

收房签约场合有三个：主场、客场、中立场。

主场，就是能让你放松的场合。反之，让你紧张的就是客场。

有些人是在房东公司里面签的合同。你一踏进他的公司，幼小的心灵就容易受到伤害，你会感觉好像有点不自在，虽然每个人感受不一样，但不自在还是会有的，这就是客场。

还有一个场合，就是中介公司，我们给它起了一个名字叫中立场。

我们早期的时候比较倾向于在中立场签约，因为中立场不仅可以帮助我放松，而且也可以帮助房东放松，房东会更愿意同你多聊几句，所以我们经常约在中介公司的办公室里面，那个场合是一个公平的场合。后来我们发现公平场合不好。为什么？因为中立场同样可以给房东带来放松，相当于把房东也带到他的主场去了。

但是，如果我们在收房的时候身处中立场，那又该怎么办？

我们认为“高手就是能随时营造自己的主场，将对方降服，普通选手则正好相反”。所以有些房东为什么约你到他高大上的办公室里？因为高手都是这么干的。

那么，碰到客场又该怎么办？高手会通过大量的绝对练习，尽力让每一个签约场都变成主场。

所以，我们要学会的是把自己训练成高手。通过大量的练习，每日一谈。

5. 收房四大神器：一叠钱、一套合同、让经纪人少说话、一个大茶杯

神器一：一叠钱。

签约不带钱就是“耍流氓”。收房一定要带一叠现钞，至少三指宽。一叠用橡皮筋松松垮垮绑起来，拿保鲜袋来装，不要用信封。我们给大家的建议是：去签约的时候，直接把现金拿进去，或者是在房东没来之前入座，桌子上显眼的地方放着现金、车钥匙或其他的东西，肯定要放在对方能看得见的地方，整个谈判过程下来，房东的眼神往放钱的地方瞟的次数不会低于一百次。

神器二：一套合同。

我们去各种不同的中介公司时，它们会拿出各种各样的租赁合同来让我们签。我们最好准备好一套制式合同，按照房屋租赁合同（国家版）拟定，叫作官方版本。我们每一次跟经纪人和房东沟通时都很容易，因为这个合同的版本是官方版本。

神器三：让经纪人少说话。

假设让经纪人帮你谈收房，那么谈到最后思路一定会跑偏，更不必说大部分经纪人收房都不够专业。有些同学为什么被经纪人惹恼了？就是因为你们让经纪人在旁边坐太久，他们会反复催你快点结束，而我们觉得事情应该慢慢来，慢慢聊。你的准备工作应该是让经纪人少说话，让他相信你一定会谈判成功，让他去忙自己的事情，忙完了来拿佣金。

神器四：一个大茶杯。

为什么要准备一个大茶杯？

那是为了克服紧张的心理。

当你不紧张的时候，你说话很自如。一旦你开始紧张，就不知道说什么好了。这个时候，往大茶杯倒一点水，拿起来吹一下，然后放下来，你别小看这套完整的动作，这套完整的动作叫作“谈判按摩操”，你在谈判中间没有办法停下来说：“休息 5 分钟再谈。”因为这样房东就走了。你只能用这种不经意的方法让自己放松一下。

6. 收房五大注意

（1）秀美图。

和房东签约谈判的时候，我们需要做一本案例手册。把你所有做过的案例房子都放在里面。你跟房东聊的时候，把案例手册放在桌子上，谈的时候可以翻一翻手册，秀一秀美图，让房东感觉到你的专业性，有助于谈判成功。

（2）“娶老婆”。

高手把房子当老婆，把房东当丈母娘，普通选手把房子当产品，把房东当供应商。这就是为什么高手能收到房子，而且可以一直收到房子的原因。

当你把房子当老婆娶的时候，你内心有两个字升腾起来，叫敬畏，你会如履薄冰，唯恐辜负房东，没把对方养了这么多年的“女儿”照顾好。如果真正做到这一点，你往那里一坐，房东内心深处就想把这套房子交给你。

（3）“丈母娘”。

跟房东聊的时候，绝对不能说把房子借给我用几年，也给你赚钱。必须要换一种心态，相当于让房东把女儿交付出来。因为房东是“丈母娘”，“她”希望你能把房子照顾好，而不仅仅是为了赚钱。所以我们收房时要让房东放心，把房子交给你，就像丈母娘将女儿交到金龟婿手上一样。

（4）讲梦想。

梦想是拿来思考的，不是用来实现的。

如果大家听过我们讲梦想，就会知道这背后是四个字，叫作“为谁请命”，如果你们有“为谁请命”之心，你们不会讲不出梦想，你们会滔滔不绝，因为你们已经想了无数遍，这是你此生要干的事情。但如果你们想的是把他的房子收过来赚钱，通过多收几套来实现你自己的财富自由，那么你所有的想法都会印在脸上，房东也全部看在眼里。请问，房东心里会怎么想？他会怎么看待你？

（5）让房东“爽”。

你们跟房东签约完了以后，有没有观察过房东出门时的背影？下一次跟房东签完约后，你可以站在中介公司的门口，看看房东消失在夜幕中的背影，房东已经把房子交给你了，你一定要有敬畏心。我们通过房东出门走路的姿势可以判断一件事情，他今天“爽不爽”，有些房东出门的时候脚步是很轻快的，这种就是“爽”的表现。用专业的话来解释就是，我们要感知客户的体验，了解他的体验。那么，怎么让房东达到这种层次？有些房东除了钱什么都不要，有些房东有其他的需求。这个逻辑是一个闭环，重在房东的体验。

综上所述，这就是收房兵器库的 6 大模块内容，这 6 大模块内容能够帮助大家在和房东或者经纪人签约谈判的过程中占据优势，帮助大家签下更多年限长的房子。

入门篇：收房的绝对禁忌

以上几招可以帮大家拿下房子之外，还有 4 大禁忌一定要注意。这是我们走过很多的弯路后，总结出的实战教训。

收房禁忌一：起心动念错了。

如果有人对你说："我有一套房子你要不要租?"你会不会不好意思？你肯定会不好意思。你要从别人手中拿东西的时候，你会觉得不好意思。当你给别人东西，而且确信给的东西会让别人感激时，你就不会不好意思，而是理直气壮的。为什么你收房的时候理不直、气不壮，就是因为你想从别人手里拿东西，而不想给他东西。这"种子"在我们产生第一个念头的时候，就已经决定了。

所以，你的起心动念错了，收房怎么会顺利？就好比你看到丈母娘时，你是不想负责任的，她怎么会愿意把女儿嫁给你？

收房禁忌二：没想明白自己的商业模式。

很多长租公寓创业的人认为，创业不需要懂商业模式。但是事实刚好相反，你自己一个人时，更加需要商业模式，因为一个团队会比较容易想出商业模式，一个人则不容易想明白商业模式。

长租公寓的商业模式一定不是以租金差作为方向的。

长租公寓最好的商业模式是什么？是边际成本为零。什么意思？就是如果我们的一个业务，获取下一个盈利点的成本可以降到零，那么这个商业模式就是一个好的商业模式。

比如，我们做了这么多丑房焕新，每一次做完丑房焕新，总有新的客户，主动跑来找我们，希望我们帮他改造。我们也不知道他是从哪里找到我们的，我们也不是一定要搞清楚这个客户的来源，但是客户就是来了。如果我们用一些传播的方法，特别通过零成本的传播方式，获取边际成本为零的用户，这就是非常好的商业模式。

但是很多人却还没找到适合自己的商业模式。这导致很多人每次出去收房的时候，总想把房东的租金压得低低的，恨不得每套房子都能赚足钱，但是你会发现，赚再多的钱，心仍然是空虚的，因为你不知道下一步在哪里，没有形成全局思维。

收房禁忌三：不懂开模具的原理。

为什么要开模具？开模具的原因就是“不知道”，要基于“不知道”来开模具。“不知道”是创业的最高境界。

为什么要开模具？就是因为你不知道顾客要什么。你不能完全确认装修风格，不能完全确认房子里面的家具家电要配到什么地步。但是当所有这些“不知道”排列组合在一起时，就会产生无数种可能。

当这无数种可能放在我们面前的时候，你会碰到一个天大的难题——怎么办？究竟应该怎么选？不知道。

这么多种的排列组合，如何化解？开模具。

每个人都要找到专属的模具，再难也要开出来。企业做的前 5 套到 10 套房子就是用来不断测试市场的，时刻迭代更新你的模具，不要 10 套房子做完了，企业自己的模具还没有开出来。什么叫作模具已经开出来了？就是当你收第 11 套房子的时候，你一下子就能知道它的成品长成什么样子。你在谈判桌上和房东聊的时候，就会信心满满，不会心里空落落的。

房子做成什么样子，不单指装修风格和界面，还有溢价空间。

收房禁忌四：绝对不能收的房子。

（1）产权不清晰的房子不能收。

（2）产权人年纪太大，在租赁期内会产生继承纠纷的房子，能避免最好避免。如果又特别想要房子，一定要让未来可能的继承人预先做好代理公证，并由继承人签订合同。

（3）可能涉及拆迁的房子和动迁回搬房，能不碰还是不要碰。大部分动迁回搬房整体质量比正常商品房要低。如果你对房子特别“饥渴”，可以收几套做案例，开模具试试。但是当你的案例跟模具已经足够时，我们建议这类房子能不碰还是不要碰。

进阶篇： 租客的分类 （上海篇）

前文中我们谈到，长租公寓最重要的是起心动念要正，切不可有买卖心，而是要为你所在地区的服务对象，为房东照顾好房产，如此才能与顾客产生心与心的连接，连接的效率越高，结果自然也就越好。

本篇我们来谈谈租客的分类，不同租客群体有不同的特点。我们经常说，要真正设身处地为租客着想，识别出他们的刚需，才能打造出区域内人见人爱的长租公寓产品。

从购买力角度我们可大致将租客划分为高端、中端、大众三档。

高端租客主要为本土及各国富人、高级别官员、外企高管、各国实力企业主等；中端租客主要为外企外派雇员、私立/国际学校陪读家庭、本土高管等；大众租客主要为单身白领、大学毕业生、普通外来务工者等。

高端客户基本租住在服务式公寓以及高档涉外小区内，月租金动辄三四万元，甚至 10 万元以上，小区处于黄金地段且配备顶级商圈，例如上海西郊宾馆，静安寺附近的老牌上海商城，陆家嘴附近的财富海景、中粮海景，碧云社区的几个标杆别墅小区（云间绿大地别墅、碧云别墅等）。对高端客户来说，项目内外整体品质、服务水准、商业配套、交通便利性等因素是第一位的，作为奢侈性消费，价格反而是次要的。

其中最为优质的客户以本土及各国富人、外企（世界五百强）高管和高级官员为代表，他们决策迅速而且购买力极强，而且有多名助理安排杂事，他们由于身居高位，经常出差，一年之中实际居住的时间不会超过半年，厨房使用的频率也很低。当然这部分人群对项目的品质要求极高，通常都会选择开发商自持的豪宅项目租住。

高端客户中有一类人比较特殊，那就是富二代、“土豪”们，他们只求最好，不谈价格，上海华府天地小区一套333平方米的四居室，租金7.5万元/月，年付为90万元，年租金房价比为1.8%。对普通人来说这是巨款，对他们来讲仅仅是零花钱而已，因此这类人签约付款很爽快。不过他们租得随性，当然用得也随性，要是住得不舒服，租约未到期随时违约退房也是常态。有些高端涉外服务式公寓会要求租户提供身份证明和公司营业执照，以做筛选，同等租赁条件下会更青睐高管租客群体。

中端客户通常租住在公司办公楼或私立学校及国际学校旁的高档小区整租房内，月租金在1万~4万元。外企外派雇员大都会拥有一笔专门用于支付房租的房屋津贴，他们通常租住在CBD（中央商务区）通勤范围20分钟的区域内，例如奢侈品公司、专业咨询公司聚集的上海市南京西路，上海市淮海路南北辐射区域，上海市南京西路地铁站附近的静安四季苑小区，上海市徐汇区的东方巴黎霞飞苑小区，上海市新天地附近的翠湖天地系列等。陪读家庭的要求是步行上学，最好就住在学校隔壁，可以最大程度节省上下学接送的时间，参与更多学校丰富多彩的课后活动，不需要豪华装修，但求有一个安全舒适、生活便利的大环境。例如上海德威英国国际学校、上海协和国际学校和上海市平和双语学校附近的上海市碧云别墅、碧云国际社区（晓园）、世茂湖滨花园小区等和上海耀中国际学校（古北校区）、上海市建青实验学校所在的古北板块。

在上海，有超过20万人的各国境外人士，共涵盖214个不同国家和地区，人数超过200人以上的国家和地区有39个，这些境外人士半数以上为单身，呈现国际多元化趋势。国籍上日本、韩国两国人数合计近5万人，美国超过2万人。严格的签证和工作许可制度要求在华外国人必须取得工作许可和工作类居留证件，而取得工作证的条件之一便是在上海有合法有效的居住地址（通常是租住）。他们一般会采取30日的酒店或服务式公寓作为短期过渡，在办理证件和居留许可的期间找到长租公寓，并须在入住后24小时内持本人护照及租房合同到当地派出所或境外人士服务站完成临时住宿登记。

上海市分国籍境外人员人数及比例

国别	人数（人）	比例（%）
日本	29684	20.7
美国	23602	16.5
韩国	19764	13.8
法国	7482	5.2
德国	6893	4.8
加拿大	6535	4.6
新加坡	5957	4.2
澳大利亚	5420	3.8
英国	4457	3.1
马来西亚	4021	2.8
印度	2550	1.8
意大利	2245	1.6
菲律宾	2024	1.4
荷兰	1544	1.1
印尼	1345	0.9
西班牙	1269	0.9
泰国	1226	0.9
新西兰	1215	0.9
俄罗斯	1150	0.8
瑞典	1144	0.8

资料来源：《上海年鉴（2012）》。

接下来说说不同国家及地区租客的特点。

据相关资料显示，来自加拿大和美国的外籍租客通常任外商独资企业关键专业技术性岗位，或任地区及部门负责人，收入高，他们其中的大多数人有多年企业海外派遣经验，解决问题和动手能力强，由于他们来自地广人稀的最发达经济体所在的北美地区，人均住房面积超过 70 平方米，因此对房屋面积和居住环境有较高要求，尤其对室内环境安全尤其讲究，租给他们的房屋中如有甲醛、霉菌超标的情况，他们往往会一票否决整间房屋。近年来，PM2.5 逐渐被人们熟知，直接催生了空气净化器这个行业的发展。Blueair（布鲁雅尔）或 IQAir（爱客）空气净化器几乎成为了室内家电的标配。除了居住在上海浦东浦西美国学校或其他美制学校校区附近的国际社区（华漕国际社区、碧云社区）外，陆家嘴的大面积江景豪宅，3 室 2 卫或面积更大的大平层是他们的首选。由于生活习惯的不同，外加美国城镇通常以带车库的大房子为主，他们通常更喜欢开放完整的西式厨房（能塞下火鸡的烤箱、双开门冰箱、洗碗机、岛台），能放下大尺寸美式实木家具的餐厅、客厅和主卧，以及可以容纳烧烤架的充足的户外空间。

北欧四国挪威、瑞典、丹麦、芬兰的富裕程度和教育水准极高，其在上海的总人口不多，孩子通常送往英国学校就读。单身或者夫妻大部分会选择租住在徐家汇直到长宁古北一带，这里是欧美人最为集中的涉外区域，他们讲究生活品位和设计感，在设计领域中重塑了现代流行元素，将功能性、卫生、简洁精巧结合，强调设计中的人文因素。白色墙面，用色明亮，少量设计精美的直线条家具符合其审美需求，自 1998 年宜家进入中国市场以来，经过长期推广，北欧风格也受到大量中国年轻人的喜爱。在居住细节上，他们往往会针对房屋提出大量的改进要求，毕竟在他们的传统观念里，租房本就是生活的常态，要营造家的氛围，就要从家具、灯具、窗帘、墙上的家庭成员照片、挂画等全方位打造一处舒适而有格调的空间。

英国租客感情不外露，更不会喜形于色，英式幽默也是以自嘲为主，和和气气，用词考究。伦敦房租之高举世闻名，同样的租金在上海可以租到更大面积的高端公寓（通常为伦敦公寓的两三倍），甚至独栋别墅，所以大部分英国租客对上海的居住水准还是很满意的，他们对房租预算为每月 3 万 ~6 万元，几乎很少携带家具到上海。

法国租客品位比较独特，对他们来说房屋的建造年代和新旧不是重点，和巴黎相比，上海的房子并不会显得陈旧，新式里弄、洋房、挂铜牌的老公寓都是法国人喜爱的居住地点。他们寻找的是一种缥缈又难以琢磨的“古旧却迷人”的感觉。他们比较喜欢的装修风格多是使用柳桉木地板、全钢窗、铜制门把手、拼花地砖、复古吊灯，设计挑空的尖顶，如果能有天井或者屋顶露台就更完美了。

日韩客户在居住区域上有部分重叠，需求却有很大不同。

日本传统房间普遍较为狭小，普通住房面积一般为 30～70 平方米。上海动辄上百平方米的高层公寓，对日本租客来说只要能配备基本卫浴用品，例如合适的浴缸或浴桶、全屋或厨房净水、电子马桶等，基本上决策起来是非常轻松的，只要房租在预算内且租住地点距离公司近就好，当然由于预算有限，他们多选择的租金范围通常在 8000 元到 2 万元，大量日本租客多居住在 CBD 附近的一居室或两居室，甚至越搬越远。高预算的日本租客多租住在上海中山公园、古北、徐家汇、静安寺、陆家嘴、世纪公园或者上海日本人学校附近，低预算的日本租客则租住在上海天山路、仙霞路附近。

除了上海古北地区以外，大量在沪上班的韩国租客，甚至厂房实际在长江三角洲其他城市的韩国朋友都会选择租住在上海市金汇路龙柏街道附近，尤其是上海虹泉路韩国美食一条街两侧。韩国租客的租房预算在 7000 元到 2.5 万元间不等。针对韩国租客的标配设备为：全屋水地暖，洗涤容量 10 千克以上的洗衣机、明亮的白色光源、全屋净水、电子马桶、全屋壁纸。

接下来就是新加坡租客了，由于拥有语言上的优势，他们的居住范围十分广泛。他们对小区档次、大堂会所的精致程度更为看重，喜欢新装修的房子，最好是有大理石地面和水晶吊灯。这类群体月租金预算在 1.5 万～3 万元是比较常见的，他们搜索房源倾向于圈子内部人员的转租和介绍。

接下来是比例最大的大众市场，上海 2400 多万人口中，有近 1000 万人口来自全国 30 多个省份，以华东地区为主，其中约 80% 租住在私有房屋中。每年春天复工和七八月暑期毕业季都是租房高峰。大部分大学毕业生处于职业起步阶段，租住在上海嘉定新城、浦江镇、松江区等近郊地铁沿线合租房的主卧（带卫生间）的单元，月租金从 1000 元到 2000 元不等，工作不稳定，流动性大是这类租客的特征，因此往往会发生违约退租的情况，可谓是流水的租客，铁打的公寓。家庭条件稍好的毕业生多租住在上海外环以内主城区的白领公寓或者品牌公寓20平方米到30平方米的单元内，月租金为3000～4500元。小部分富裕家庭的孩子或者小海归，在父母的资助下，能够负担0.6万～1.5万元的月租金，便可租住到中心城区装修不错的整租房和酒店式公寓中。随着“90后”逐渐脱离校园进入职场，租房住的大学毕业生有日益壮大的趋势。“居不易”在上海是非常现实的问题，这是一个供需失衡的市场，从2007年到2017年的十年里，热点地段的房租几乎翻了4倍有余，房租的增长往往超过毕业生起薪的增长，房东有着很大的话语权，月租金在收入中的占比达到40%～50%。市区老破小或远郊缺乏配套的商住房容纳了大量的租房外来人口，居住环境往往比较糟糕，作为过渡的无奈之选，不求多好，只求干净是普遍租客的心态和预期。最近几年长租品牌公寓大规模进入上海，为年轻人提供了一种新的选择，但总量太少，位置也比较偏远。

以上海为样本，给出各类型租客的典型特征对其他城市也许会有借鉴作用，希望每一个长租公寓的从业者在面对目标租客时，能多一些理解和尊重，更重要的是在产品设计的源头把握住顾客的刚需和痛点，避免陷入盲目的自我满足之中。

进阶篇： 新区拓荒与市场调研方法论

每到一个新的城市和住宅区开展业务之前，即便你表面上认为了解了这里的市场，但实际上你对整个区域内的租房市场一无所知。因为你本身的生活圈子和租客的生活圈子是几乎没有交集的，你要做的长租公寓租房产品和市场上的产品又完全不同。

新区拓荒，实地的市场调研是第一步。

1. 长租公寓市场调研的程序

（1）调整好心态。

我们对市场调研的要求有很多，但首先你要让自己勤奋起来，起码你要先看够 100 套房子，这是有关量的要求。还有质的要求，就是你不要恐惧，你要带着一个好的心态出发，你要带着“我要为本区域租客解决住房问题，提供优质租房产品”的心态去做调研。

（2）下门店找中介。

你只有让门店的中介带着你，实际看到房子的那一刻才会得到直观的体验。

市场调研是什么？市场调研就是了解市场，建立你的渠道，确定你的产品定位。当你做这件事情的时候，你理想状态中那种类型的房子往往是搜不到的，但中介会告诉你一些房源。

（3）做好层次定位。

在中介带我们去看房的时候，我们首先要设定初步的层次定位。出租用的房子可粗分为低端产品、中端产品和高端产品。低端产品就是群租房、合租房；中端产品就是普通小区整租房；高端产品是本地区标杆豪宅的整租房、别墅、服务式公寓等。

（4）分析市场行情

当中介带我们看完房后，基本上我们就可以知道这个区域内到底有哪些类型的长租公寓产品，一共有多少老公房、电梯房、服务式公寓、白领公寓、品牌公寓等。我们也就大致掌握了每一种类型的月租金价格区间和对应的租客类型。

（5）建立收房渠道。

到市场调研这个阶段的时候，你心里其实对哪些小区能收到房，哪些中介可以进一步达成合作已经有底了。

一般而言，区域内大中介公司以买卖为主，小中介公司经营租赁生意，这是个大规律。大中介公司可能对买卖双方有一个标准操作流程，相应的监管也比较好，门店看上去十分敞亮，特别是像链家地产和中原地产这类门店，给人一种品牌的印象。小中介公司的优势是它在这个地方待得足够久，也足够灵活。对我们来讲，主要应选择在这个地方房源充足，灵活多变，能够帮我们收到符合要求房子的中介进行合作。

在市场调研结束之后，你就可以建立收房和租房的渠道，在你当时做市场调研的那些中介里面做筛选。筛选是大浪淘沙的过程，“你不能指望所有人都跟着你，但是行列中一定会有人成为你的粉丝。”

（6）进行产品测试。

在一个陌生的区域做完以上工作后，最后一个程序就是要进行产品测试。在一个区域完成以上工作后，你肯定大致了解了行情，但是这个产品客户接不接受，简单地说，是不是有人埋单你仍不确定，这时就需要做产品测试。

我们之前自己接触了那么多中介，接触了很多的租客，并不是想把房子租掉，而是为了看这些中介和租客给我的现场反馈。产品测试前前后后花了一个多月的时间，通过将几个测试产品推出市场，证明这样的风格租客相对能出比较高的溢价来埋单，我们才更有信心继续去推进我们的产品。

2. 市场调研最关键是要克服两点

（1）克服你的恐惧。

恐惧是什么呢？第一次到新的地方，不知道自己能不能看到房、收到房子；能不能得到中介的认可和接受，对于这些问题，人们的心里多少是有一些恐惧的。其实什么生意都可以在中介的手里完成，只要你有真实的需求。

（2）克服你的懒惰。

做市场调研是一个需要脚踏实地的工作，你需要靠脚去走，靠你全身心的感官去体验你所看到的房子，还要靠你的想象力去设想，经过你的改造之后这套房子会有怎样翻天覆地的变化，所有的一切都是靠你在整个区域内实地做工才能得到的。

进阶篇：选点的艺术

在长租公寓领域创业或经营，选点和市场调研被列为决定长租公寓企业成败的关键因素。如果非要决定在市场调研和选点中选哪个更重要，那一定是“选点”。选点定胜负。房地产三大成功因素，第一是选点，第二是选点，第三还是选点。选点太重要了，不是一般的重要。你在一个错误的点做得再辛苦，也不如选一个正确的点作用大。

市场调研很像相亲，可能要花三四个月跟各种各样的人见面，目的是找到适合的人。那么选点呢？选点就是通过相亲看了那么多的男男女女，最终进入牵手的环节。市场调研是第一个步骤，选点是第二个步骤。我们看了那么多房子，调研了那么多的区域，最终在这些区域当中确定了三个点，然后根据前面这三个不同地点的市场调研，选择了一个点开始做长租公寓的产品。

1. 选点的误区

说到选点，我们每个人最初想选的地点，往往是理想化的。简单地说，要选一个相对来说拿房简单，同时出房销售也比较简单，而且最好出租价格又能达到预期的地点，这基本上是我们选点的方向。因此，所有人梦寐以求的地点符合这三个条件：第一，获取房源比较容易；第二，出房速度快；第三，出租价格高，利润高。

经验告诉我，你既要找到一个拿房非常容易，出房又非常容易，关键是出租价格又符合预期的地点，是非常难的。所以，建议大家千万不要抱着这个目的去选点，这是误区。

为什么这么说？我来给大家详细解释一下。

（1）如果拿房比较容易，意味着出房困难。

拿房比较容易代表什么呢？你拿房容易，预示着这个区域的租赁市场不是很成熟。所以大家千万不要一门心思盯着拿房很容易的区域，很多刚开始做这行的新手们会去找拿房比较容易的地区，这是极大的误区。

像上海嘉定区的房子你基本可以随便拿，其实最容易拿房的也不是嘉定区，是崇明岛或者金山区，我估计那里的房子没有多少人会拿。你在上海新华路跟房东谈年限8年的租约，我估计他会马上把你赶出去。如果你和崇明岛的房东谈签8年租约，他们肯定开心极了。所以崇明岛也好，嘉定区也好，青浦区也好，在这样的地方拿房是很容易的，但是你拿一套这样的房子干什么呢？你并不是要开民宿。比较容易获取房源的地方，基本预示着出租的价格相对来说没有办法达到预期，租赁市场不是很成熟。

（2）如果拿房有一定难度，意味着更容易出房。

拿房有一定难度的区域很多，许多人问得最多的是上海静安区的大宁路，很多人想在大宁路选点，包括杨浦区和松江区，在这样的区域获取房源难度一般，不是太大。这里的房子都比较容易出租，比如说杨浦区五角场乃至大宁路的房子由于回报比较好，商业配套比较成熟，出租的速度相对来说比较快。但是，这里的房子有个问题。就是它的出租价格没有办法达到你的预期，出租价格很难再往上提，在这里拿房不是太困难，出房速度也比较快，但是出租价格没有预期那么高。

2. 选点的核心秘诀

如果我们的选点标准太过理想化，我们最终会被骨感的现实打压。让我们回到现实，看透选点的核心秘诀。

大家可以想一下，整个上海市获取房源最难的地方在哪里？

不管是在人民广场还是静安寺附近，获取房源都很难。之前很多小伙伴在中山公园做市场调研选点，前前后后有三四个人做了三四个月市场调研，普遍反馈在这里获取房源太难。陆家嘴、静安区、整个长宁区新华路板块，一房难求，你要在那里拿一套长租的房子更是难上加难。

但是这种获取房源极其困难的区域，其租赁市场很成熟，在这样的区域内一旦出现成品房，将会一房难求，因为整个区域被市场验证是极其完善的一个区域。

所以我们选点的核心秘诀还是很容易理解的。选点的核心秘诀跟买房一样，就是“地段，地段，还是地段”，要选择市场已经成熟的地方，不要简单选择容易拿房的区域。

3. 选点的两个关键点

选点这件事情，有两个关键点。

（1）用户定位。

在用户定位的理解上，大家要问自己：“我需要谁？谁需要我？”

大部分的人都在研究我需要顾客，我需要房东。为什么大部分人收不到房？因为你需要人家。但是“高手只跟需要他的人在一起，普通人正好相反”。你听说别人是那样做的，所以你也那样做，你第一次出去收房，怎么知道收房应该怎么收？因为你第一次收房的时候，就是看别人怎么做，自己也跟着做，大多数人都是这么过来的。

大部分人之所以坐在谈判桌上无法顺利展开谈判，是因为房东看到了你脸上写的四个字“我需要你”。你没有把房东内心深处的情绪激发出来，所以这样的谈判就会变成我要……你要……来回博弈。要让房东感觉到他需要你，这才是正确的逻辑。这也是“谁需要我”的基本思路。只有搞懂了“谁需要我”，你才能真正明白用户定位。

（2）产品定位。

当你知道用户定位和产品定位的时候，你就知道该怎么去选点了。

关于产品定位，笔者在这里给出一个建议，叫作摩铁时代的质感生活，你理解了它也就知道产品该怎么做了。“摩”代表生活比较便利的区域，住在那里周边什么都有，有卖场、餐饮一条街等，商业配套齐全。“铁”是什么意思？“铁”代表从该物业步行到地铁口所需时间在 15 分钟以内。美国的逻辑不是摩铁，而是一个 Mall（购物商场）+巨大停车场，他们大多靠汽车出行。我从日本京都到东京，一直跑到北海道，还去了泰国曼谷，考察这些城市具体的租赁形态，发现无一例外，特别是东南亚这一带，都是“摩铁”的概念。通常国内判断一个房子好不好租是看从步行到地铁口是否在 15 分钟以内。国外的标准是多少分钟？5 分钟。在国外，从住的地方步行到地铁口最好在 5 分钟以内，这就是所谓的 5 分钟的界限。而在不如上海繁华的城市，要把这个时间延长，因为地铁覆盖密度不够大。所以在日本小一点的城市存在这样的产品定位逻辑，它把新干线的一个站点作为中心，所有配套设施都跟着这个站点走，而且在商业地产上，地铁站内的商铺一铺难求，日本许多城市是这样，上海也是这样。另外，关于产品定位逻辑我要用两个字来概括，叫作局外，要用局外思维来看待产品。跳出中国看中国，跳出地球看地球，你在月亮上看地球，原来人类房子是这样的，跳到月球上看房东需要什么，当你知道房东要什么的时候，你就成功了。

房东要什么？房东除了钱什么都不要。这句话有两层含义，第一层含义是他只要钱，第二层含义是他什么麻烦都不想要。大部分行业内的人只满足了前半部分，如果你让他确信有了你他会没有烦扰，他愿意为没有烦扰而付出一些代价。只要掌握了这点，你就离成功不远了。

进阶篇：租金溢价模型“三交叉定价法”

长租公寓是一个成本敏感度很高的行业，利润全靠在出房和收房之间做出溢价。笔者在长期的经营实践中总结提炼出“三交叉定价法”协助出房定价。它不仅能够帮助我们快速知道溢价的关键点在哪里，更能很好地帮助我们识别出溢价空间，进而做出合理的财务规划。

1. 什么是租房溢价模型“三交叉定价法”

租房溢价模型“三交叉定价法”由下图中的三条曲线组成，不同的阶段的应对方法、运营方式也不同。

这三条曲线分别为总溢价曲线、平均溢价曲线、边际溢价曲线。

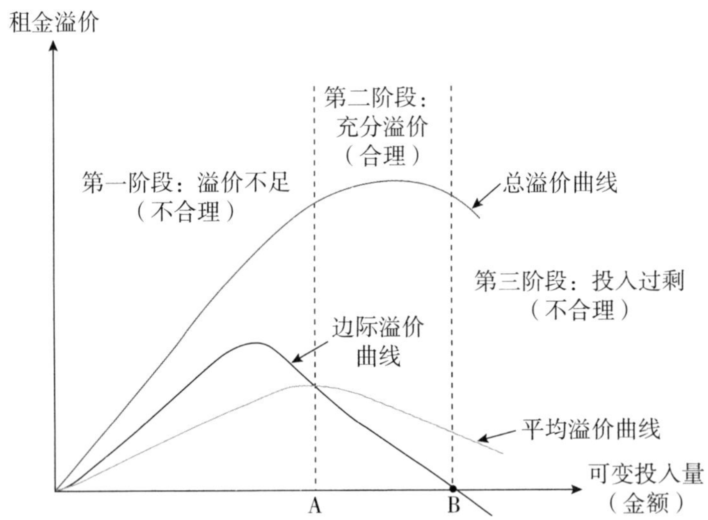

租房溢价模型

2. 租房溢价模型“三交叉定价法”如何运用

从租金溢价模型图中可以得出以下结论：

（1）当你的公寓溢价处在第一阶段时，出租价格是被低估的。你很可能需要追加部分投入去吸引较高预算的客户成为你的顾客，将溢价移动到 AB 之间的充分溢价区间。

（2）当你的公寓溢价处在第二阶段，也就是边际溢价曲线和平均溢价曲线产生交叉和边际溢价为 0 之间时，出租价格处于充分溢价区间。改造投入和溢价之间会得到较为合理的平衡。

那么如何利用三交叉定价法找到充分溢价确定租金定价呢？

笔者认为租金定价至少要通过三个维度来确定：①小区同户型历史最高成交价 ×130%；②未来 18 ~ 24 个月的租金溢价覆盖先期投入的改造成本；③同户型毛坯房出租价格 ×200%。

通过这三个维度，你就可以得到一个合理的租金定价范围。

（3）当你的房子处于第三阶段时，进一步追加投入也难以获取租金的溢价，这时你需要重新思考并调整设计方案和商业模式，否则极有可能血本无归。

进阶篇： 长租公寓的摄影技巧

有很多长租公寓创业的朋友每次看到我们在微信朋友圈里面发一些图片，就会问我们，如何才能将照片拍得和我们一样好。

其实在这个快节奏的社会，拍照买很多器材是没有必要的，手机的像素和分辨率足够使用，完全可以做到我们想要呈现的一些效果。很多时候用手机就可以拍出一张很好的照片。

那么，如何才能用手机把房子拍得更好看呢？下面这些摄影技巧希望可以帮助到大家。

1. 要懂得构图

结构是图片的骨架，所以一定要懂构图。

（1）构图的方法。

构图的方法有很多，比如：

①均衡式构图。画面结构完整，安排巧妙，对应而平衡。常用于夜景。

②对称式构图。此种构图具有平衡、稳定、相对的特点。缺点是呆板、缺少变化。常用于表现对称的物体、特殊风格的物体。

③变化式构图。将景物故意安排在某一角或某一边，能给人以思考和想象，并留下进一步判断的余地。

④对角线构图。把主体安排在对角线上，能有效利用画面对角线的长度，使照片富于动感，显得活泼，容易产生线条的汇聚趋势，吸引人的视线，达到突出主体的效果（如用聚光灯照射主体）。

⑤X 形构图。线条、影调按 X 形布局，照片透视感强，能把人们的视线由四周引向中心，或使景物具有从中心向四周逐渐放大的特点。

⑥紧凑式构图。将景物主体以特写的形式加以放大，使其局部布满画面，

照片具有紧凑、细腻、微观等特点。常用来表现局部细节。

⑦三角形构图。以三个视觉中心为景物的主要位置，有时根据三点成一面的几何形状安排景物的位置，使其形成一个稳定的三角形。这种三角形可以是正三角，也可以是斜三角或倒三角。其中斜三角形较为常用，也较为灵活。三角形构图具有安定、均衡、灵活等特点。

⑧S形构图。画面上的景物呈S形曲线的构图形式，具有延长、变化的特点，看上去有韵律感，优美、雅致、协调。

⑨九宫格构图将被摄主体或重要景物放在“九宫格”交叉点的位置上。“井”字的四个交叉点就是主体的最佳位置。

⑩向心式构图。主体处于中心位置，而四周景物呈朝中心集中的构图方法，能将人的视线强烈引向主体中心，并起到聚焦的作用，具有突出主体的鲜明特点，但有时也会使照片产生压迫中心、局促沉重的感觉。

⑪对分式构图。将画面左右或上下分为比例2 ∶ 1的两部分，形成左右呼应或上下呼应，表现出来的空间比较宽阔。其中画面的一部分是主体，另一部分是陪衬。

……

构图方法千千万万，但笔者认为你在拍摄之前脑子里应先预想一下最终的效果，而不应到了现场拿起相机直接拍摄。

（2）让每张照片都有主题和故事。

构图的核心技巧很简单，简单到大部分人都早已知道却选择忽视的地步：摄影构图的核心技巧就是先思考并确认照片的主体，或者是要表达的主题。

大多数人构图失败的原因，不是不懂九宫格构图、对称式构图等构图方法，而是他们从来没有思考过照片的主体所要表达的主题是什么，只是凭感觉，碰运气，或者简单地套上各种条条框框的构图技巧来构图。“感觉可以”“好像很美”“似乎符合黄金分割，不错”，这些想法肯定无法让人用心去感受每一个细节，让自己的照片有意思、有趣更加重要。因为每张照片都传递出不同的信息，都有属于它们自己的主题和故事。

2. 要懂得修图

用手机或相机拍摄照片，然后对照片使用图像处理软件做后期处理就叫作摄影修图。

事实上，你在朋友圈看到的很棒的照片，可能是别人拍了二三十张照片后，经过修图才完成的。所以我们也要不断去尝试自己使用的风格、灯光、纹理等。

在本书中，笔者重点强调手机修图，方便大家更好地用手机就能拍出吸引客户的照片。

（1）巧用裁剪弥补镜头焦距的不足或实现重新构图。

手机的摄像头是一个定焦的镜头。很多时候，当我们拍摄距离较远的主体时，主体在画面中所占的面积会很小。那么我们可以使用裁剪工具裁掉不需要的背景部分，使主体凸显出来。

另外，裁剪还能起到重新构图的作用。往往在一次成形的拍摄过程中，构图会产生一些小问题，通过裁剪恰当地二次构图能很大程度避免主体不突出、画面杂乱等问题。

一般情况下，保持照片同地平线水平是改善画面平衡的重要准则。另外，将照片剪裁成对称构图的形式也是常用原则之一。

（2）镜头模糊别过度。

由于手机相机光圈小，一般情况下不容易拍出景深效果明显的照片。而镜头模糊工具能在一定程度上制造一些人工“景深”（其实把其称为景深不太合适）。笔者知道有一部分人特别喜欢这个工具，因为它能使照片看起来高大上。但是，笔者在这里提醒一点，一定不要过度使用模糊工具。过度的模糊效果很多时候反而让一张照片变得难看。

（3）曲线是个好工具。

曲线可以调节照片的对比度、亮度以及色调。强烈的对比度能增加前景和背景的层次感。适当的色调变换能让照片更有艺术表现力。学会使用曲线工具，对后期修图有着巨大帮助。

（4）黑白摄影别有风韵。

尽管彩色摄影的发展已经超过百年，但是从安塞尔·亚当斯到亨利·卡蒂埃·布勒松，黑白摄影都是他们的最爱。即使面对当今越发流行的数码摄影，黑白摄影仍将一如既往地坚持它独特、迷人的艺术表现形式，更会有无数摄影人沉醉于它的无双品质。

笔者在日常拍摄过程中遇到强烈光线冲击时，就会试图将照片转变为黑白照片，去色后的光线会变得更有张力。

（5）选用个别照片处理 App（手机软件），取长补短。

有个软件可以推荐给大家，叫作 Snapseed（指尖修图）。

这个软件不是目前唯一可以修片的手机软件，但是它是一款比较全面、比较基础的软件，目前隶属谷歌公司旗下，将来它可能发展到其他平台上。

可能有熟悉 Photoshop（图像处理软件）的同学知道污点修复工具，其作用就是去掉一些照片上的小污点和小瑕疵。Snapseed 上的修复工具让你在手机上也能使照片呈现非常出色的效果。

最后，笔者想说的是，拍照其实是一件需要等待的事，你要等好的照片出现，就像男孩子等女孩子一样，慢慢等它，恰到好处才是最好。当你的原图够好，你在修图的时候，照片才会更容易呈现出好的效果。

进阶篇：涉外租赁的那些事

在《进阶篇：租客的分类（上海篇）》中，笔者特别提到了外籍人士这一类群体，他们人数不多，但租客预算不低，服务于这部分租客群体的房屋租赁被称为涉外租赁。

但是，涉外租赁涵盖的范围要远远超过我们所想，在这里，引入“House Agent”（房地产经纪人）的概念。涉外租赁本质上并不仅仅是带外国人找房子，或者和房东签约这么简单。2001 年年底中国加入世界贸易组织之后，中国的制造能力和市场加速与世界融合，这种加速带动了全球资源大需求，带来一波全球长达十年的大宗商品牛市，也带来了外商直接投资中国的小高潮，更带来了中国对外贸易大发展。整个交流加速的过程引起了五百强跨国公司的全球资源再平衡。上海、北京在其中起到了非常重要的作用，吸引了外资跨国企业建立中国地区总部，甚至是亚太区总部。在北京、上海等地建立亚太区总部，意味着什么？意味着很多外国人将企业总部搬迁到了上海、北京。

2015 年的时候我们做了一个调查，从调查数据来看，关于未来外派雇员的情况，43% 的 HR（人力资源）倾向于加大力度向资源有优势的地区调派人员，从一线城市进一步扩散到二线城市。因此，未来全国各地的涉外租赁市场空间是较大的。

那么，问题来了。我们该如何将涉外租赁做得更好呢？

1. 外籍客户的来源

很多人问笔者外籍客户的来源，笔者认为外籍客户的来源分为两种。一种是公司客户，另一种是散客。

大家知道，公司客户往往会使用签订独家代理的合作公司，客户是不会跑的。但是，如果是散客，他们大部分就会找网络中介。在这里还有个方法可以帮大家找到散客，就是学会用微信中“附近的人”功能，到外国人比较集中的小区打开微信使用这个功能，会有一定帮助。

2. 做涉外中介的心态

做涉外中介都要有一种心态，就是“每个你生命中遇到的‘坏人’其实都是让你成长的贵人”。往往在处理完一些疑难杂症后，你才会积累起自己的专业知识。如果不是那些刁蛮的客户把你逼到死角，你怎么会花心思和精力，带一个客户看50套房子呢？新手要多加历练，才能把楼盘全都熟悉起来。

3. 涉外客户的服务区别

一定要注意散客和公司客户的区别，这两者的服务重点是不一样的。公司客户做服务，散单客户拼房源。

4. 涉外客户的销售细节

首先要拿到对方的邮箱地址，邮箱地址可以透露很多的信息，如果对方给出的是公司邮箱，事后可以通过往来不断的邮件的沟通，会使得对方释放更多信息，这有利于你判断公司能力、预算设定及公司送点等。如果他的邮箱中有名片或签名就更好，这会透露很多有价值的信息，比如他工作的公司在哪里，他的职位是什么级别。

如果碰到疑似有指定中介代理的公司客户怎么办？先在行业内打听一下，这个公司客户是哪一家中介代理的，我们自己人不要抢单，行业内大都是非常乐于助人的小伙伴。

如果客户确认愿意跟你签约，或者愿意支付中介费，那就继续准备带看，通过询问把“雷”扫清。带看的时候把工作做实，你要一边带看一边向他传递信息，中国市场是房东市场，大都是房东挑租客，原来涉外租客付美元有优势，现在大家都用人民币，他们的优势不明显了。关于境内有多少富人，可以给他们举例子。上海汤臣一品20万元一个月都是谁租的？上海中粮海景壹号10万元一个月谁租的？这些租客半数以上是中国人。

要不断给他一些信息，当然有些外籍客户不听你的，但我们要告诉他们这些信息以体现专业度。

5. 涉外客户的服务核心

涉外客户的服务核心只有四个字：不可替代。

问自己一个问题：你对你所有的客户而言都是不可替代的吗？你对所有房东而言都是不可替代的吗？

涉外租赁容易擦出火花，因为客户依赖度太深了，你能不能成为他不可替代的依赖？只要你可以成为他不可替代的依赖，你的服务好也是好，不好也是好。为什么？因为你不可替代，这是如此简单的一把钥匙，有人说要独一无二，其实不是要独一无二，而是要不可替代。

所以跟外籍客户打交道时，我们虽然有各种各样的术、法、器、道，但是有没有变得不可替代是最重要的。每次在接待客户的时候，扪心自问，问自己：“究竟全身上下从头到尾，以及背后这家公司有什么对这个外国人而言不可替代？”如果说你马上可以被替代，那就不要抱怨，发生任何事情都不要抱怨。不是因为你做错了什么，是因为你本来就是可以被替代的，那还有什么好抱怨的呢？为什么五大行生意好？因为它们的服务好，签了独家代理。我们签散单的时候，客户凭什么跟着你走，你有什么能力在几分钟内让一个客户信服你呢？

6. 怎么做才能成为不可替代

（1）尽量说一口跟客户家乡发音差不多的外语，这是不可替代的。

你要让他感觉你好像是他的老乡一样，做涉外租赁这条是绕不过去的。假如你在越南碰到一位销售人员讲的是你的家乡话，你的感觉怎么样？肯定很好。他卖什么东西给你，相对来说你都更容易接受一些。

（2）了解属于客户的世界、客户的文化背景。

外国租客找你们聊天，你能不能从地缘到政治，到历史，到国家发生什么大事，都能和他聊起来？他关心的事情，你都要聊。你要和对方有谈资，你没有谈资，跟他们谈什么？除了房子几句话谈完了，没有东西谈了，对方也就走了。

（3）所有外国人都有自己的圈子，所有涉外租赁最后大多是圈子在起作用。

中国人也有自己的圈子，但方法是不一样的，能不能理解外国人混圈子的方法不是重点，重点是要让他把你带入他们的圈子，这才是重中之重。一个外乡人，一个外国人，对你真正的信任就是把你带入他的圈子，只加一个微信是没有用的。所谓带你进他们的圈子，就是他们聚会时会带上你，这样你就从单纯做业务，变成了像他们一样的一群人。变成那群人以后，你就不会缺客户了。

能够懂得以上三点，以及其他生发出来的点，你就会变得不可替代，涉外租赁的生意就会好做得多。

进阶篇：长租公寓的成本分析

长租公寓是一项“规模不经济”的事业，这是笔者在从事了十几年该行业工作的血泪教训中体验到的。规模做得小的时候赚钱，如果规模一大，自己忙不过来，一请员工就不赚钱了。全中国的品牌长租公寓目前有没有盈利的？可以说一个都没有，全部都是用资金推动商业模型，把规模做大，在体量上扩张做估值，这样不但不赚钱，甚至是亏钱的。具体原因如下：

（1）所有的租金无法确认收入。

假设某公寓有4万个房间，2016年产生5亿元的租金流水GMV（成交总额），但是会计法和税务法规认定时，会产生较大分歧。如果全部确认收入，那么5亿×11%=5500万元，也就是说要缴5500万元税收，实际上，众多公寓采取了合理避税的方法，将收入进行挂账处理。如果将其作为代收代付，税是少缴了，但是公司的营收只是服务差价收入，那么20亿元的估值是无法支撑5500万元收入的。

（2）分布式公寓现金流非常好，但是利润极低甚至没有。

在分布式公寓的成本结构中，获取房源成本（与收房相关的押金、房租、空置期损失等）占了总支出近7成，人工费用占收入比超过20%，再加上装修分摊、税收，利润几乎为零。

（3）不包租，就有利润了？未必。

业内常有人说：“我们只要不包租，就有利润了。”这的确是部分事实。因为分布式公寓平均包租年限是3~4年，假设你停止包租，就在某个时间点上有利润。可5年后，没有了包租，你过去的房源大量到期，4年前你有10万间房源，可能半年后，就只剩8万间了，到了下一年就只剩5万间了。你的事业规模只会越做越小。

（4）资产负债率极高。

分布式公寓主要的融资手段就是租客押金，然后用租约分期、装修贷款辅助，公寓运营一直处于负债率较高的状态，每到年底，租客大量退房之日就是企业捉襟见肘之时。

（5）需要不断融资。

分布式公寓需要不断融资，无论是债权还是股权都是如此，当然规模做大后，如果无法偿债，就只能稀释创始人的股本，让资本成为大股东。分布式包租就是一条不归路，只有规模足够大，精细化程度足够高，才会产生微薄的利润。至于规模到底多大才能盈利，或许是50万间，或许是100万间，没有人算得清楚。

可是，为什么大家明知道失败是必然的，还要往前走呢？笔者知道你们心里在想，怎么会失败呢，我3000元拿房，6000元出房，赚钱了啊，怎么会失败了呢？大家心里都这么想的。而且现在各种智能设备和互联网工具的使用，可以提高人房比，提高运营效率。笔者曾多次讲过这道数学题，大家有没有算过一笔账，有一种成本叫作沉没成本，它是已经发生而不可回收的成本；还有机会成本，你从事了长租公寓经营，必然放弃了其他高收入的工作或投资机会。我们套用这道题来说这件事情，工作不是一下子就能做完的，你以及你的家属付出了无数的劳动来做了这份工作，难道你的劳动不是成本吗？你不计费吗？如果你想做甩手掌柜，去请像你一样的人来做这件事情，你还赚钱吗？你根本没有赚钱，最后赚到的是劳务费，太多的人都是在赚自己的劳务费，讲得透彻一点就叫作辛苦钱。

进阶篇： 租赁合同中鲜为人知的陷阱

在租赁过程中，避免不了的一个环节就是与业主房东签订租赁合同。

笔者认为在谈合同的时候，我们首先要对业主房东进行分类，因为不同类型的业主房东是不一样的。不同的业主房东，签订合同时，会给你带来各种各样的问题和陷阱。

1. 谈合同时，业主房东的分类

第一种：在谈合同的时候，房东比较讲究合同原则，这类人比较好，基本上出现纠纷的概率会比较小。

第二种：房东喜欢讨价还价，但是如果你谈一个租赁合同时，对方会跟你讨价还价的话，基本上你就已经成功一大半了。

第三种：房东喜欢省事，最好租客不要给他们惹麻烦。一旦碰到一些比较喜欢挑事的租客，他们就会引起租赁的纠纷，包括给后面退租，或者说为谈续租造成一定的麻烦。

第四种：房东的秘书或者代理人上场跟你谈合约。这类业主相对来说素质比较高，当然偶尔也会碰上一两个不怎么样的。

2. 谈合同时，各种业主房东的特点

如果说你和业主谈租房合同的时候，业主属于上文中提到的第一种人，那么基本上未来 1 ~2 年的租赁合同当中，有任何的售后问题都不用担心，因为一旦后面发生一些租赁的售后问题，比如家用电器或者房屋结构有问题需要维修，在业主能够联系到的情况下，他就会在 1 ~2 天给出答复。一般报价不太离谱的话，他们都能接受，都会紧急处理，对房屋也会比较爱惜。

如果是上文中提到的后几种人，他们肯定会质疑你的报价，并跟你讨价还价增加售后流程。

3. 谈合同时，需要注意的各种内容

（1）看清合同当事人身份。

除了要查看出租人的名称（姓名）是否完整及准确、出租人的住所地（住址）是否详尽外，更要注意出租人是否为唯一的房屋所有权人，如果不是，则可能存在着代理关系或者转租关系。若存在代理关系的，需要有产权人委托签约人的授权委托书原件（最好是经过公证的授权委托书，若与乙签订房屋租赁合同时发现该房屋所有权人是甲，则需要看乙是否有甲的授权来处理这间房屋的租赁事项）；若存在转租关系的，则需要产权人同意转租的书面证明文件原件，并在合同中约定如产权人同意转租的书面证明文件不真实时，转租人应承担何种责任（甲将自己的房屋出租给乙，此时若想从乙处租房，则要考虑甲是否同意乙将房屋转租）。

（2）看清租赁房屋用途。

应查看租赁房屋是从事生产经营还是生活居住。房屋用途在建设时经规划部门确定，不允许当事人擅自改变房屋用途。

（3）看清维修责任归属。

为保证租赁期间房屋一直处于安全和适用的状态，双方应对租赁期间房屋的自然损坏或人为损坏的维修责任加以约定。《中华人民共和国合同法》里也规定，出租人应当履行租赁物的维修义务，但当事人另有约定的除外。承租人在租赁物需要维修时可以要求出租人在合理期限内维修。出租人未履行维修义务的，承租人可以自行维修，维修费用由出租人负担。因维修租赁物影响承租人使用的，应当相应减少租金或者延长租期。

（4）看清违约条款的细节。

在谈合同过程当中，双方会对部分合同条款进行修改，笔者碰到比较多的是对一些违约条款的对等修改。很多房东会在第一遍修改的时候，提出很多意见和建议，如果你同意他的大部分意见和建议的话，他后面就会适可而止。比如说关于违约条款的内容，他如果改了十几条、二十条，你基本上能够答应他十五六条或者一半左右的话，他会让你先开发票，对于后付款就会比较放松。但是另一些房东会坚持钱不到账、合同不出来，他就不让租客入

住。对于这样的条款，在制订的时候需要认真看清楚。

在对这些修改的处理上，基本上租客公司给业主规定了 10 条违约条款的话，一般情况下针对不同公司给业主的条款，可以在乙方的违约条款里面加上，如果乙方不同意，那就可以倒过来，把房东的部分条款删掉。这样的话，大家对等，基本上来回几轮就差不多了。你做了一些让步，剩下几点房东大多能妥协就妥协，不会一直拖到完全不能签订，这种情况，笔者暂时还没有碰到过。

（5）看清合同附件中的内容。

关于合同附件中所清点的物品，一定要写清楚。清点物品时必须一件件地写清楚。有时候中介使用复写合同，交给房客的那一张根本看不清楚。这时你就要警惕了，一旦交房时清点物品，你这里看不清，房东认为少了物品要扣除押金，你是解释不清的。笔者曾经历过一次，交房的时候，房东说：“我在柜子里放了一个箱子，里面有一些物品，价值 1000 多元，现在箱子没有了，所以要扣押金。”

在此提醒，合同原件与清点物品的附件都必须仔细核对，复印不清的合同必须重新誊写清晰。

高阶篇： 溢价究竟从何而来

为什么面积相同、结构相近的房子，根据一些人不同的经营方法，经过不同理念的改造后，最终出租价格天壤之别?

原因其实很简单，有些人懂得如何提高房子的溢价。

那么问题来了。如何才能提升房子的溢价，使得房租快速上涨，房东及企业收入快速上升呢?

有的人认为，房子的溢价是由投入的金钱和精力所决定的；

有的人认为，通过提升房子的租金价格，可以提升房子的溢价；

有的人认为，提升房子溢价最关键是要做好软装设计；

还有的人认为，可以通过改变房子产品的属性，让客户觉得物超所值，自然就能够产生溢价。

可是，根据笔者十几年来的行业经验来看，提升房子的溢价并没有那么简单。经过笔者多年的摸爬滚打、不断试错及迭代后，笔者认为提升房子的溢价主要有以下几种方法：

1. 批零溢价

批零溢价其实就是批发和零售之间的溢价。它分为三种方式：

（1）长约短租。

比如，我和房东签十年租约，每一次用一年、两年或三年的方式将其出租给有实际租房需求的人，这中间会产生差价，这个差价就是我的利润，也就是我们所说的溢价。

（2）整约零租。

很多品牌长租公寓其实都在做整约零租，简单解释就叫作 N + 1，一套整租的三居室变成了四套一居室，每个居室配备卫生间，用这样的方式租给客群。

（3）年约天租。

这种方式是从国外 Airbnb（爱彼迎）流行起来的，它的口号是在世界每一个城市给你家一样的感觉。这种方式一般是个人业主将自有物业以按天、按周的形式租给游客，这样的做法会产生一定的溢价。如果做长租公寓，那么是按年、按月来计算租约，溢价额也会比较可观。

以上这三种批零的方式都能带来溢价，这些批零的溢价一是来自批零的效率差，二是来自风险的贴现，三是来自购买的效率。

2. 定位溢价

在说明"定位溢价"之前，笔者想先同大家分享一个案例。

20 世纪 90 年代，曾产生了一批做房产的投资人，当时经济大发展，商业需求逐渐旺盛，有很多一楼沿街的房子，带天井或带花园的房子，破墙做了"居改非"。这一改，原来的价格是住宅的价格，但住宅摇身变为商铺后可以按照商铺的方式出租产生溢价，一个定位的改变把房屋从住宅变成商业用房，当时产生了非常大的价差。这就是定位溢价。

虽然目前这种做法因政策的原因已经几乎消失了，但这种思路却留了下来。

那么，定位的溢价从哪里来呢？为什么同等条件的房屋出租，有的一个月 3600 元都租不出去，而有的定价 7500 元，别人还抢着租？这个溢价究竟从哪里来？大家有没有想过这些问题？

说白了，这就是用户效率（效用）不同，有客户愿意用更高的价钱来购买不同定位的房子。为什么客户愿意埋单，就是效用的问题。如果还不理解，直白的解释就是"感受或者体验"。

只要能够给客户带来好的感受、好的体验，让客户感受到房子的价值、让客户"尖叫"、让客户喜欢，7500 元一个月照样有人抢你的房子。因为什么也买不了喜欢，千金难买心头爱，客户喜欢是硬道理。

3. 稀缺溢价

什么是稀缺溢价？

稀缺溢价主要体现在以下三个方面：

（1）供应量缺乏，没有人愿意干。

（2）技术壁垒，没有人能干。

（3）品牌和口碑，没有人相信。

比如，有套房子在上海江临天下，月租金定价 2 万元以上，可是同小区同户型的房子月租金才 1 万元左右，然而这套房子只用了一天就被客户租掉了。

为什么这套房子这么快就会被租掉，而同小区同户型的一些房子，租金比它还低，可是还没租掉？

原因在于整个小区里的房子都没有这样装修改造，没有和它雷同的房子，且这套房子非常“高大上”。只要没有雷同的房子，我们就可以把别人 pk（淘汰）下去。为什么？因为没有人干，别人不干，你干，这个溢价就在你口袋里面。如果别人没有但你有，租客觉得千金难买心头爱，然后就刷卡成交了。

4. 模式溢价

模式溢价主要有以下三种方式：

（1）包租溢价。

包租溢价主要拼的是技术和资金。如果你没有强大的技术和资金，在包租模式上是很难产生溢价的。

（2）租赁代运营溢价。

租赁代运营溢价的本质是拼产品、拼组织。因为租赁代运营企业自己做不了，需要有一个体系来支撑，需要一群人共同来完成，所以叫作拼组织。

（3）买卖代运营溢价。

买卖代运营溢价拼的是流量和规模。强大的流量和规模是买卖代运营模式成功的主要保障。

以上四类便是提升房屋溢价常用的手段和方法。可是，细心的行家或是高手会发现一个问题，这些手段方法就好比“三十六计”，虽然有效，但是如果缺少指引，也难以发挥它们的作用。原因在于任何手段方法都需要因人而异、因地制宜、因时而变。你需要根据当时的实际情况，采用适合你的方法。

可是，万变不离其宗，如果你掌握这些方法背后的本质，那么，一切将如同拨开云雾见真山一样，豁然开朗。

如果你明白房子溢价的本质是什么，你就真正明白了房子溢价最终究竟是从哪里来的。

然而，笔者每次讲到这个问题时，只有10%的人能够体会，基本上剩余90%的人不是不理解，就是没有办法理解，因为它不能光靠理解来领会。有一句话叫作：“给你一个眼神，自己体会。”可笔者还是坚持传递这个核心本质的观点，因为它太重要了。

那么，溢价的根本（本质）究竟是什么呢？

笔者认为溢价的根本就是心与心连接的效率。这句话，笔者相信接下来十年内行业内都没有人说，但如果你记住这句话，行走江湖，到哪里都会受用。

比如，你的老板问你：“这个月完成指标的秘诀是什么？”如果你回答“这个月心与心连接的效率比较高”，高明一些的老板基本马上就听懂了。

讲到连接的效率，我们不得不提四个字：无关局外。

什么是“无关局外”？

这就好比上培训课时，每次学员越到听不懂的地方，越听得入迷，因为有刺激感、有新鲜感，能学到东西。

为什么今天很多企业或团队的产品做来做去都不成功？因为没有无关，没有局外。

为什么孩子不听你的话？因为没有无关，没有局外。

为什么很多人有不少“干货”，但是上台讲不出来？因为没有无关，没有局外。

为什么你不明白房子溢价的本质？因为没有无关，没有局外。

如果还不理解，笔者再举些例子。

外科医生能给自己的儿子动手术吗？最厉害的外科医生能心无旁骛地给自己儿子动手术吗？

你自己做房子，自己可以看得出问题吗？大部分人是看不出的。为什么？因为他们不能保持客观。

可是，当我们站在局外的时候，情况就会大大不同。你有没有见过别人吵架？你在旁边看，一看就知道是谁错了：这吵什么，这肯定是你错了。你跟别人吵架时，是他错了还是你错了？永远是对方错了。

那么难点来了，我们怎么才可以做到“无关局外”呢？

本书谈的是关于房子的事，当你无关局外，保持客观的时候你的房子就能产生溢价，或者当你无关局外的时候就有机会提高心与心连接的效率。可是为什么大多数人都无法做到这点？那是因为心与心的连接出现了问题。

我们今天做的是房子的事业，那么我们心与心连接的效率中那两颗心就是你和客户的两颗心。要连接你与客户的心，以客户心为你心。

当你能用客户想问题的方法想问题的时候，溢价自然就出现了。与客户心最近的距离，就是溢价的根本法门。这才是房子溢价最本质的原理。

高阶篇：从包租挣差价走向租赁代运营

一、为什么包租是没有前途的

1. 笔者经历过的包租三段式死法

（1）作死。

为什么会作死？

个体户做包租这件事情有一个临界点，只要收入一过十万元，每个月稳定不干活也会有十万元收入时，很多男人一定会动其他的脑筋。正所谓“好人往往没时间做坏事”“没有远大的志向，必将向下坠落”。

（2）噎死。

怎么会噎死呢？

很多人觉得长租公寓这个生意以个人为单位，它是有一个模型的，你从收房到管房，它会建立一个模型。然后大多数人心里想，一百套房似乎规模不够大，这不是一个事业，想要做一番事业，企业应该有规模，然后就扩大规模，开始在一百套后面加“零”。

笔者曾经花了很短时间就将规模扩大到一千套，当时笔者的目标是一万套。然后笔者开始招人、培训，整天都在培训。笔者当时整天培训新人，给他们开宣讲会，说我们的未来不可限量，但是笔者后来发现控制不了了。最后吞也不是，吐也不是，企业的实际发展跟不上企业的愿景，生生噎死了。

（3）烧死。

企业没有太多收入，公司又想做大，员工又多。别人给你投了一笔钱，你自己也投了一小笔钱以后就开始烧钱，每天烧钱，给自己和员工画大饼，说 A 轮（1 轮）融资马上来了，我们要去冲击 B 轮（2 轮）融资，然后是 C

轮（3轮）融资，然后继续烧钱，一家不会烧钱的公司不是好公司。企业花钱如流水，公司烧着烧着就倒闭了。

虽然笔者经历过的你未必一定会经历，但是这几年从南到北，笔者见证了无数历史惊人般相似，一次次地重演。

2. 包租的本质

（1）分布式、碎片化、长链条、低利基。

①分布式。顾名思义这是对应于集中式的一种特点。所谓集中式就是一个门栋进来有一百家租客，你的所有管理在一个垂直平面、垂直立面上就可以完成。但是分布式公寓是分散的，意味着管理难度的加大。

②碎片化。所谓碎片化就是这个小区可能只有一套房子，或者这个小区有三五套房子在做包租，但是你不知道它们在哪里。碎片化可以碎片到全市、全国，甚至于全球。

③长链条。所谓长链条就是这个产业从房源获取到改造、出租、租户管理，整体包含一千多个子项目，特别细，所以你们会发现这个行业的从业者无一例外都有一个特征，就是“忙”。忙着忙着你的青春就不知不觉从指缝中溜走了。

④低利基。所谓低利基就是不大赚钱，做一套房子也挣不了多少钱。这一行看似赚钱不少，但是总体来说，你去比较这个生意和其他生意的话，会发现它的总体利基是比较低的。这个特点背后的含义是什么？分不起。什么是分不起？如果一个利基特别高的生意，比如跨国企业来中国，它做很多生意，把1元成本的东西卖100元，赚99元，这99元当中可以拿出49元利润，有很多人可以分到钱。而我们的生意所有利润加在一起只有10元，售价100元的东西有90元是成本，10元是利润，这10元没有办法分。如果有两个合伙人，一分就是一人一半，如果是一家公司呢？如果你还要按照每个环节来分，公司所有的根本分不过来。因为利基太低了。

（2）兑换流动性（流动性贴现）。

什么是流动性贴现？简单来说就是把流动性差的资产变成流动性好的资产。如果房东租不掉房子，房子在他的手上就是流动性差的资产。他不能捧着房产证到楼下便利店去换一根冰棍，没有人会换给他。他要把流动性差的资产兑换成流动性好的资产。

什么是流动性好的资产呢？就是现金。房东通过什么东西来兑现？通过一种叫作租约的东西。他们通过出租房屋把一段时间的使用权让渡给租客，换取流动性好的资产。

那么，从流动性不好到流动性好之间，包租在里面起到了什么样的作用？包租就是流动性的一种提前兑现。

（3）沉没成本。

包租为什么没有前途，因为其中有一个很大的问题叫作沉没成本。我问大家一个问题，假设你有一套房子，有人来跟你谈包租，你发自内心告诉我，你是愿意还是不愿意？你肯定不愿意。

为什么不愿意？因为在你看来，我可以将房子流动性做得很好，我做了多年房东，我知道通过谁可以兑换流动性，而且我退休了，又没有什么事情，很容易就把流动性兑换了。所以只要跟我谈包租，我的第一反应就是你要赚我的钱，如果你不赚我的钱，你谈什么？所以你来赚我的钱，就代表要么我开价低了，要么你在我无法认知的领域把我口袋里的钱拿走了，这几乎是所有房东内心深处的声音。

在这个行业，你跟房东永远在博弈，只要在博弈，就会出现一个问题，即这种博弈未来向哪一方倾斜？你们觉得做包租，未来是房东更加依赖于你，还是你们更加依赖于房东？

这个问题大家想明白了就能知道重点在哪里。这句话反过来讲，就是问房东对你的戒备，未来是越来越厉害，还是越来越弱？现在他和你之间没有问题，是因为你跟他在博弈。未来他看到你，会更加戒备你，还是更加喜欢你？随着时间的推移，随着他越来越懂怎么做房东，他就会越来越难以同你合作。

沉没成本是什么？是做包租最“要命”的一件事情。做包租，2000 元月租拿房，6000 元租出去，中间差价 4000 元。但是你有没有算过账，将收入减去成本部分，租金成本 2000 元，装修摊薄了 300 元，还有税费、维护费、宽带费等成本。

还有最关键的时间成本。大家几乎从来没有计算过。这些工作你可以自己做，也可以雇用员工来做，即使你不亲自动手，请一个人来做，你付完工资、奖金以后，还能不能剩下钱？这就是沉没成本。包租之所以没有前途，是因为它的沉没成本不是大，而是太大了，线条太长了，利基太低了，以致沉没成本太高了，而这个沉没成本是几乎所有人都看不到的。

那么问题来了，任何一个商业模式，它最理想的状态是什么？是把所有成本算完以后还能挣钱，这是一个好的商业模式。为什么当下可以看到很多雇了一大堆员工的公司，报表拿出来以后发现不挣钱，这正常吗？当然正常了。为什么公司规模要由大发展至更大，因为希望摊薄成本，使其薄到公司可以盈利。当年笔者也是这么做的。当我们有 500 间房的时候，笔者问财务总监大概什么时候可以打平？他说大概收 1000 间房的时候吧。我们的规模到 1000 间房以后，我问他："怎么还没有打平？"他又说等规模到了 1500 间房的时候，肯定打平了。不是他水平不高，是因为这个账太复杂了。有谁在这个行业工作又有一点时间，自己去算账就知道了，特别是请员工算账的老板，你们可以自己去算一下。后来我们的规模到了 2000 间，笔者发现打平没有指望了。

最后笔者得出一个行业结论，如果这个行业用一个当量来做，就是"十万间才入门，百万间见分晓"。

二、 从包租挣差价走向租赁代运营

既然包租是没有前途的，那未来做什么有前途呢？

笔者认为未来整个行业可能要从包租挣差价慢慢走向租赁代运营。未来的个体经营者会从获取房源卡位慢慢走向做有感觉的产品。有感觉是指自己有感觉，客户也有感觉。

企业要从盲目做品牌走向真实的口碑传播，不要以为给自己设计一个Logo就是品牌，别以为想一个新词就是品牌公寓。请问大家有没有遇到过在不发力的情况下，别人传播你的故事？有，你就是品牌，哪怕你并没有什么显赫的身份。就像有人总提到季老湿出租的房子，但是他也说不清楚这到底是什么房子。这就是从口碑到品牌。

企业要从拼命销售做到自然接单。依靠销售员销售的时代过去了，你是金子一定会发亮，你一发亮所有人都可以看到，消费者会看到好东西的，只要你呈现出好东西，自然会吸引人过来。

大家看笔者什么时候做过广告？我们的广告词只有三个字：“手慢无。”有人说为什么季老湿老是放“过去式”的案例，房子租掉了才放出来讲，究竟什么意思？其实，不是我们放出消息太晚，而是刚做好的房子，一下子就租出去了，是真的没有了。这实在是没有办法。现在发展到很多的中介找到我们的装修师傅，在我们没有装修之前带着租客去看，看完就下订单了。我都不知道他们是怎么找到装修师傅的。这就是背后的那一股力量，不是你发力，而是顺势而为，当你顺势而为时就特别轻松，你不累。当你与潮流抗争的时候，你一定是累的，你能清楚地感知到你的累。

三、 租赁代运营需要注意的两件事

代运营需要注意两件事情：第一需要有一定的流量；第二需要有公信力。

什么是流量？什么是公信力？

比如，笔者在这里告诉大家我们如何接单，我们有多少完成的案例，这些信息只要在朋友圈里面一放，就会有人跑过来问问题：“我家也有一套房子，找你做行不行?”

但是你知道吗？那个人来问有一个前提，叫作“我观察你很久了”。所以有人听完课回去很兴奋，把课程中的照片文字一字不改地发出去，发一次就再也不发了，这是没有用的。因为你的朋友圈里有 500 人，看到一次不能解决问题。这是一个过程，笔者自己都花了 9 个月，发了 9 个月朋友圈才接了第一单生意。

流量是什么意思？你的朋友圈只有 300 个人，但是我的朋友圈有 5000 个人，我们身边有这么多小伙伴，加在一起的流量比你从来不放广告要大很多。所以流量加上公信力就可以接单。这个接单模式是放之四海而皆准的，无论你卖什么都可以使用这个模式，笔者把本领告诉你，你回去好好照做肯定有结果。

公信力就是潜移默化的影响力。所以你花一点时间研究我们的朋友圈就会知道，为什么我们不花一分钱广告费，单子接到手软，我们的单子已经排到春节小年夜了。现在已经不是想不想干的问题了，而是客户快把人逼疯了，没有办法，不干也得干，因为要对得起顾客。人家这么信任你，你要不负重托。

代运营不是笔者想出来的，是用户驱动的。笔者从来不在任何地方兜售概念，宣扬我们能帮别人做好房子，只是讲行业经历与得失成败，希望能对他人有帮助。

高阶篇：微信印象营销

微信朋友圈是一个神奇的地方，这里聚集的人很多，对于营销推广长租公寓产品是一个不错的平台。微信朋友圈营销，具体来讲其实就是社交化营销方式的一种，都是通过人与人之间的“病毒”式传播营销推广产品。一个懂得朋友圈规律的人是成熟的人，是有智慧的人。发朋友圈“晒”只是表面，记录也只是表面，“卖”才是关键。

那么，在微信朋友圈中，怎么“卖”才好呢？

答案是“微信印象营销”。

什么是印象？

一个人身上的特质就如同月晕一样，会慢慢扩大，随着时间推移越来越深刻，以至于被认为是一个人的全部，这就叫印象。

那么，什么是微信印象营销？

我们在微信朋友圈传播图文信息时要给其他人留下深刻印象。每个不同的人视角不一样，但是无一例外会对这些信息产生某种印象。大部分顾客买东西都是凭印象作出判断的。

微信朋友圈营销的关键核心是学会如何传播。传播在朋友圈是两条，第一条是图，第二条是文，要花很大精力学会制图，从怎么立意，到怎么拍、怎么编辑、怎么修图等。

如果你通过图文发布，让你的受众形成深度依赖，让他们产生这样的黏性，那你的传播就是成功的，也就是说你的微信印象营销是成功的。简单来说，就是看朋友圈右下角的两个数字，第一个数字是点赞数，第二个数字是评论数。怎么从数字直观判断图文的编辑是成功的，没有浪费时间呢？就是点赞数和评论数加起来不低于30，两者之和接近30，这个事情就没有白做。

1. 怎么才能形成微信印象

（1）持续重复。

笔者的朋友圈持续重复最多的一段文案就是："不是在看房就是在去看房的路上。"

难道笔者词穷了，想不出更好的文案来表述这种状态吗？显然不是。这样做是因为一个人必须要经历过7次重复以后，才会形成深刻印象，它像一块烙铁一样，在你的心里打上一个烙印，而且这个烙印是终生难忘的。笔者向大家保证，但凡看过21回"不是在看房就是在去看房的路上"这句话，你想忘记绝无可能，而且在你有需求的时候，在你的朋友有需求的时候，你的脑海里会自动播放这句话。

这种自动播放的力量就是微信朋友圈营销、微信印象营销的力量。笔者称其为在不知不觉中产生潜移默化的影响。

（2）重度刺激。

什么叫重度刺激？你从未经历过的事情对你来说就是一种重度刺激。你之所以给你的朋友点赞，可能是因为他去北极拍了一张照片，他在那个船上写了一句"北极看上去白茫茫一片，实际上也没有什么"。他写得很轻松，但是你不得不点赞。为什么？因为他去了你没去过的地方，你在看。

（3）没有体验过的体验。

什么叫作没有体验过的体验？

比如，笔者在朋友圈里发了一条信息。文字不多，就是三个字"讲讲讲"，后面的图是一张我发呆的照片。然后这条信息有了78个赞，20条互动。为什么可以互动起来？让我们来看一下评论是怎么写的。

第一条：越来越帅了。

第二条：减肥有效果，好帅好帅。

第三条：季老湿卖相很好嘛。

第四条：季总，这么巧，我也刚到虹桥机场，今天帅哦，季老湿越来越帅。

……

为什么会有那么多互动？因为笔者以前从来不穿西装，这次放了一张西装照。那天是在一个正式场合讲课，所以穿了一件西装。这就是没有体验过的体验。

你的客户没有体验过这个样子的你，所以当他们看到的你跟平时不太一样时，就要调侃你了。互动的背后是这个原因，不是其他的原因，人还是那个人，没有其他变化。我在朋友圈从来不发西装照，所以发一次后他们就被“重度刺激”了，他们就忍不住留言，来跟你互动，实际上他们在内心深处有一种交流的需求，几乎所有人都有交流的需求。我们通过这种交流建立了彼此之间的交情，互动一次交流就加深一分，因为朋友圈有太多人你根本就不认识。

笔者的朋友圈里有大半的人是不怎么认识的，只知道微信号，但是没有见过面，甚至连他们是男是女都不知道。但是随着互动越来越多，有时候会发展成在线下见个面，因为我们惺惺相惜，认为对方很有吸引力，丑房焕新其实只是顺带。

2. 微信印象营销需要注意的技巧

（1）选择照片的艺术。

大家看到的朋友圈里的照片都是好看的，都是养眼的，不好看的照片你们没有看到，一定是最养眼的照片才会被放到朋友圈。笔者曾多次提过一个话题：“你看到的这个世界是这个世界想让你看到的。”朋友圈里的照片也是如此，第一，它背后是有商业目的的；第二，也许事实情况不是这个样子。

很多需要改造的房子都没有办法拍照，因为拍出来也不养眼。但是大家一定要把关键抓住，笔者有很多照片是抓了非常好的点，不构图，但照片中透露出了可以进行二次思考的东西。

几乎每一个人都有这样的天性，就是很愿意在一张照片中找出二次线索，像福尔摩斯一样。当他发现二次线索的时候，他会进行二次思考。所以有机会让人进行二次思考的照片才是一张好照片。笔者拍照是按照这种逻辑来的。

（2）时效性。

在朋友圈发东西讲究时效性，也就是要发最新鲜的东西。实际上什么东西最新鲜？你的生活最新鲜。有很多“90后”在看其他人的生活，包括有一些人会直播自己吃晚饭。你可能想象不到，但是真的有人看，这是很奇怪的一件事情。

（3）利他的情怀。

一条好的朋友圈信息，发的时候一定要有利他心在里面，就是你每一次发的东西必须有利他的人文情怀在里面。这个情怀会在传播的过程中起到很关键的作用。

（4）发广告的比例。

在朋友圈里面发布内容，你的广告跟非广告内容的比例是多少？

这个比例不能超过20%，超过20%就容易引起反感。发朋友圈必须要有节制，有一些朋友一天起码发20条广告，全部都是房子，让人极度不适，看到他就想屏蔽了。发广告的极限是一天5条，而且要分开发。广告的内容非好不发，要发极好的东西，这样才对得起看到它的人。

（5）成为代言人。

要让客户见证一件事情：你就是代言人。我做的是丑房焕新，所以我要成为美的代言人。如果说你是做中介的，你是什么代言人？你是诚信的代言人。你必须在朋友圈透露一个信号，就是你是诚信的，你这个人“靠谱”。

每个人都有不同的属性，但只要你有一个要经营的东西，你就得成为它的代言人。

（6）“交给”之心。

大家看过笔者的朋友圈会发现它紧紧围绕着“交给”这两个字：我把我自己的生命交给了我的丑房焕新事业。你会发现厚重的交给之心贯穿于朋友圈的内容里面。真实的情况比发朋友圈的力度还要大，只有你给别人传递你将生命交给某个事业的印象，消费者才会把他的事情托付给你。

很多创业者犯了大忌，就是让消费者产生了错误的印象，一丁点儿错误印象足够把你发的 10 篇、30 篇正面印象全部毁掉，而且毁得干干净净，一点儿都不剩。你翻看笔者的朋友圈后会发现我非常当心，绝对不发会给人造成错误印象的内容。笔者也有晚上在外面消费的时候，但是从来不会发半夜三更在外面购物的内容，就算吃喝玩乐也会发得非常文艺。因为我要为自己的事业代言。

致　谢

拜谢客户，信任交付。

感恩元老，不离不弃。

菠菜、9527、玉鹏 、

Joey、瑞驰、

Tian、麦克、平凡、

Stanley Lu、正见、Vivi、

林俊、朵朵、Jojoni、

子晴、Jenny M、苏静、

Daisy、逸明、刘斌

……

以及所有曾经一起走过的创业同路人

感恩冠军，助我成长

2015 年度　冠军合伙人　菠菜·濮晋渊

2016 年度　冠军合伙人　菠菜·濮晋渊

推荐长租公寓领域优秀的战略伙伴

水滴管家　会分期 huifenqi.com　JOOMEE九美　寓公网　蘑菇租房 真实租房平台

Yeeuu云柚　蜂电科技 PowerBee　寓小二　全房通　T6 Furnishing

杨丙顺　PLUS LAW 加法国际　麦家公寓 Memor hoMe　磐谷分期

水滴管家　会分期金融　九美家具　寓公网　蘑菇租房

杭州云柚科技　蜂电网络科技有限公司　寓小二　全房通　T6家居

财商灯塔　加法国际　麦家公寓连锁　磐谷分期　水库论坛　刘策

友情推荐

以拼命三郎方式运营公寓的时代已经过去了。季老湿这本宝典，会让大家彻底明白。

——姬晓鹏（蜂电科技创始人）

公寓行业尚处草莽阶段，亟须有人梳理行业经验，以助力行业加速发展。本书就承载了这个使命，它给从业者提供了行业智慧，帮助公寓品牌更快地发展壮大。利他助人，善莫大焉！

——吕　坡（云柚科技创始人）

在政策、市场和资本的鼓动下，长租公寓被推到风口浪尖。本书案例洞穿行业，演绎真知，为公寓人以及上下游服务商提供了一份有价值的参考，值得细读！

——黄冠文（寓小二创始人）

老季无疑是公寓圈一个传奇般的存在，不张扬、不炒作，但却让成千上万的人感受到了他的力量。本书的出现，是所有公寓人之幸，更是公寓行业之幸。

——刘运华（全房通创始人）

本书如同一块垫脚石，内行可以反思，未来可以游刃有余；外行可以俯视，看清来龙去脉。

——曾　添（麦家公寓创始人兼 CEO）

季老湿是落地演说家，他将 10 多年的经验通过 100 多期的讲座分享给公寓从业者。现在他把这 100 多期的讲义整理成册出版，从案例到实操，从产品到运营，助力公寓运营商成长。

——张建标（磐谷分期 CEO ）